꿀잼 토론 전략

꿀잼 토론 전략

실전 자신감을 키워주는 50가지 방법

ⓒ 김건우 2023

초판 1쇄	2023년 6월 26일		
지은이	김건우		
출판책임	박성규	펴낸이	이정원
편집주간	선우미정	펴낸곳	도서출판 들녘
기획이사	이지윤	등록일자	1987년 12월 12일
편집진행	이수연	등록번호	10-156
디자인진행	고유단	주소	경기도 파주시 회동길 198
디자인	하민우	전화	031-955-7374 (대표)
편집	이동하·김혜민		031-955-7381 (편집)
마케팅	전병우	팩스	031-955-7393
경영지원	김은주·나수정	이메일	dulnyouk@dulnyouk.co.kr
제작관리	구법모		
물류관리	엄철용		

ISBN   979-11-5925-786-5 (43170)

꿀-잼
토론 전략

실전 자신감을 키워주는
50가지 방법

푸른들녘

오픈 게임

중학생 때 일입니다. 반 친구들과 동물실험을 주제로 토론이 한창이었습니다. 저는 동물실험을 반대하며 말했습니다.

"동물들의 아픔이 보이지 않으세요? 동물실험은 너무 잔인합니다!"

그때 한 친구가 제게 묻더군요.

"점심시간에 제육볶음은 맛있게 드시던데요?"

순식간에 반 전체가 웃음에 휩싸였습니다. 저는 얼굴이 빨개진 채 아무 말도 하지 못했죠. 그날 점심을 두 그릇이나 먹었기 때문입니다.

이날의 기억은 몇 달 동안이나 저를 붙잡았습니다. 친구의 말은 분명 어딘가 이상한데, 어떻게 반박할지 떠오르지 않았기 때문입니다. 머릿속에는 한 가지 질문이 맴돌았습니다.

"제육볶음 먹는 사람은 동물실험에 반대할 수 없는 거야?"[*]

고등학생이 되고 나서야 이 질문의 답을 찾게 되었습니다. 친구의 말에 논리적 오류가 있다는 사실을 알았을 때, 너무 허무했습니다. 제육볶음은 결코 잘못되지 않았습니다! 그런데 생각보다 많은 사람이 저를 사로잡았던 질문에 명쾌한 답을 내놓지 못합니다.

오래 품고 있던 질문을 단숨에 해결해준 논리학의 매력은 저를 토론의 세계로 끌어들였습니다. 그런데 막상 무엇부터 해야 할지 감을 잡을 수 없었죠. 그래서 일단은 실컷 맞아보기로 했습니다. 다양한 토론대회에서 언어의 격투가들과 싸우며 논리로 얻어맞기를 거듭했습니다. 그렇게 맷집을 키우며 알게 되었습니다. 토론에는 논제를 초월하여 반복되는 패턴이 있다는 것을요.

저는 반복되는 패턴들의 공략법을 찾아 숙련된 격투가들을 하나씩 쓰러뜨렸습니다. 힘이 센 선수들은 무게중심을 무너뜨렸고, 전략가들은 그들의 논리를 역이용해 되받아쳤지요. 논리 공략법은 토론의 승률을 높여주었고 토론 자체를 입체적으로 즐길 수 있게 해주었습니다.

---

[*] 이 질문이 논리적 오류라는 사실은 「32. 제육볶음 잘 드시던데요?: 인신공격에 대처하는 자세」에서 함께 차근차근 이야기할 예정입니다!

이쯤에서 사람들은 묻습니다.

"오… 그래서 왜 토론을 해야 하는데요?"

이 질문에 "정당한 제육볶음을 더 입체적으로 즐기기 위해서"라고 답할 순 없겠지요. 그래서 저는 그보다 "토론은 삶의 일부이기 때문"이라고 답하고 싶습니다.

토론은 청중과 심사위원을 설득하는 일입니다. 우리는 항상 누군가를 설득해야 하는 상황을 마주합니다. 각종 면접과 발표에서는 물론 아이스크림에 초코볼을 하나 더 넣어달라고 설득할 때까지, 우리는 이미 토론하고 있습니다.

여기서 중요한 점은 우리가 항상 강자의 입장에서 토론하지는 않는다는 사실입니다. 우리는 삶의 많은 순간을 설득당하기보다 누군가를 설득하며 보냅니다. 때로는 인격을 모독하는 상대를 만나 상처받고, 말꼬리를 잡는 사람들에게 쩔쩔매기도 하죠. 이런 순간들은 마음 깊숙이 자리 잡고 시도 때도 없이 쿡쿡 찔러댑니다. 그리고 우리는 잠들려고 누운 자리에서 이불을 발로 걷어차며 말하죠.

"그 사람 말이 잘못되었다는 걸 증명하려면 대체 어떻게 이야기해야 하지?"

토론은 우리의 이불을 지켜줄 수 있는 좋은 수단입니다. 정제된 언어로 누군가를 설득하는 일은 상대의 논리적 오류를 잡아내고 자신의 주장을 전달하는 과정이기 때문입니다. 우리는 토론을 통해 삶에서 마주할 수 있는 다양한 사람들을 만나게 됩니다. 목소리만 큰 사람, 겉으로는 온화하지만 말에 뼈가 있는 사람, 천천히 우리를 함정으로 유도하는 사람까지. 이들과 부딪히며 청중을 설득하기란 매우 어려운 일입니다. 하지만 토론을 거듭하다 보면 현실에서 누군가를 설득하는 일은 쉬워집니다.

그러나 과연 사람들이 토론의 가치를 모를까요?

토론의 가치를 부정하는 사람은 아무도 없습니다. 그럼에도 우리가 토론을 두려워하는 이유는 '어떻게 토론하는지' 모르기 때문입니다.

따라서 이 책은 토론의 형식이나 가치에 대해 이야기하지 않습니다. 상대의 논리를 파악하고 그 허점을 차근차근 공략하는 방법에 중점을 두었습니다. 실제 토론장에서 숙련된 격투가들이 사용하는 기술과 그 대응법 들을 다양한 예시를 통해 소개하고 있습니다.

이 책은 총 여섯 개 장으로 이루어집니다. 1장에는 논제를 해석하는 방법을, 2장에는 논리 구조를 사용하여 반박하는 방법을, 3장에는 자주 등장하는 논리적 오류를 파고드는 방법을 담았습니다. 또한 4장에서는 토론에서 자주 등장하는 패턴들과 그 대응법을, 5장에서는 각종 자료를 활용하는 법을, 6장에서는 실제 토론 경기에서 쓸 수 있는 노하우를 소개합니다.

저는 '토론 전문가'가 아닙니다. 그렇기에 처음 토론장에 들어서는 여러분의 두려움을 누구보다 잘 이해합니다. 교과서는 토론장에서 당황했을 때 어떻게 말을 이어가야 하는지 가르쳐주지 않습니다. 상대의 말을 예의 있게 끊는 방법도 알려주지 않습니다. 따라서 저는 실전 경험을 녹여 논리학이 포괄하지 못하는 이론과 실전 토론 상황 간의 간극을 메우고자 했습니다.

상대의 말을 어떻게 반박해야 할지 몰라 답답했던 경험이 있나요? 혹시 토론의 장에 나서기가 두려운가요? 토론할 때 따박따박 받아쳐 오는 상대 토론자 때문에 잔뜩 약이 올랐던 경험이 있나요? 이 책은 여러분의 마음을 조금은 안심시켜주고 천천히 토론의 기술을 안내하는 전략서가 될 것입니다. 이 여정에 필요한 준비물은 단 하나, 토론에 대한 흥미뿐입니다.

자, 다들 준비가 되셨나요?
그렇다면 지금 당장 시작해봅시다!

목차

2장. 스큐어(skewer) – 기물의 배치 구조를 이용해 상대 기물을 공격하는 전략

3장. 무방비 기물[en prise] – 상대 공격에 노출되어 잡히게 된 기물

4장. 전술[tactic] – 몇 수의 기물 운용을 이용해 득점하는 기술

5장. 기보[notation] – 경기의 수를 기록한 것

6장. 체크메이트(checkmate) – 상대가 절대로 피하지 못하는 상태

튜토리얼

역할 소개

사회자

- 토론을 이끄는 리더이자 중재자
- 토론자들의 입장을 정리
- 토론자들이 논제에서 벗어나지 않도록 도움
- 발언 시간과 횟수를 공정하게 분배

토론자

찬성 측(수비형)

- 새로운 변화를 지지하는 혁신가
- 논제를 입증할 책임을 지며 당위적 가치를 이야기함
- 변화가 가져올 기대 효과를 전달함
- 다양한 주장과 근거로 논리의 요새를 지음

반대측(공격형)

- 날카롭게 현실을 파고드는 비평가
- 변화가 초래할 부작용을 이야기함
- 혁신이 가진 한계를 전달함
- 찬성 측이 지은 요새를 무너뜨리기 위해 노력함

청중/심사위원

- 찬성 측과 반대 측의 주장을 경청하며 토론의 승패를 가름
- 토론자들이 설득해야 할 대상

기본 규칙

- 찬성, 반대의 두 편이 존재하며 찬성 측에서 시작합니다.
- 찬성 측은 논제를 정의하며 주장과 근거들로 요새를 짓습니다.
- 반대 측은 다양한 논리를 펼치며 찬성 측의 요새를 무너뜨립니다.
- 청중과 심사위원은 경기가 끝난 뒤 요새를 확인합니다.
- 만약 요새가 굳건하다면 찬성 측이, 요새가 무너졌다면 반대 측이 승리합니다.

세부 절차

1. 입론: 요새 짓기와 무기 공개

- 근거를 들어 주장을 펼치는 단계
- 찬성 측: 용어를 정의하며 주장과 근거 들로 요새의 뼈대를 짓는다.
- 반대 측: 어떤 논리들로 요새를 공격할 것인지 무기를 공개한다.

2. 교차조사: 적장 둘러보기

-사실 확인: 상대 발언의 의미를 묻는 기술
-사실 조사: 상대 발언을 해석하여 동의 여부를 묻는 기술
-의견 추궁: 상대 발언의 허점에 대한 의견을 묻는 기술

3. 반론: 공방전

- 서로가 가진 논리들로 공격과 방어를 진행하는 단계
- 찬성 측: 요새의 빈 공간을 보수하며 반대 측의 공격을 방어한다.
- 반대 측: 찬성 측 요새의 빈틈을 파악하고 총력을 다해 공격한다.

4. 최종 발언: 복기

- 앞선 토론의 내용을 검토하고 되짚는 단계
- 찬성 측: 요새의 굳건한 부분과 막아낸 공격 들을 강조한다.
- 반대 측: 요새의 무너진 부분과 효과적이었던 공격 들을 강조한다.

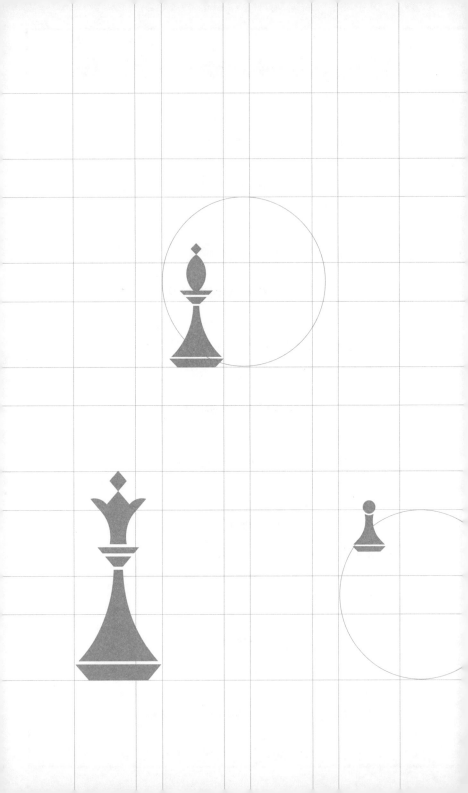

1장

캐슬링(castling)

킹의 위치를 교환해

판의 중심을 옮기는 전략

1 어느 날 생쥐가 코끼리를 만났다
: 논제 정의의 중요성

동화 『일곱 마리 눈먼 생쥐』의 이야기입니다. 어느 날 생쥐 일곱 마리가 커다란 코끼리와 마주합니다.

생쥐들은 서로 묻습니다. "이게 대체 뭘까?"

다리를 만져본 첫째 쥐는 말했습니다. "이건 기둥이야!"

코를 만져본 둘째 쥐는 말했습니다. "이건 뱀이야!"

상아를 만져본 셋째 쥐는 말했습니다. "이건 창이야!"

분명 같은 코끼리를 만졌는데 왜 생쥐들의 의견이 분분한 것일까요? 각자가 만진 부분만 가지고 코끼리라는 전체를 판단했기 때문입니다. 그렇기에 똑같은 코끼리임에도 생쥐들은 저마다 전혀 다른 무언가로 여겼던 것이지요.

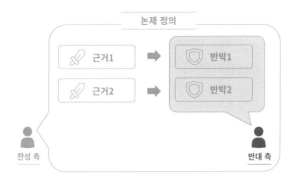

올바른 논제 정의

잘못된 논제 정의

　토론의 논제를 정의할 때 이 생쥐들과 같은 모습을 많이 보게 됩니다. 토론은 기본적으로 찬성 측이 논제를 정의하고, 그렇게 정의된 틀 안에서 반대 측이 반박하는 구조입니다. 그런데 토론하다 보면, 반대 측이 찬성 측의 논제 정의에서 벗어나 자기 하고 싶은 말만 하는 경우를 볼 수 있습니다. 찬성 측이 정의한 논제의 틀 안에서 논의하는 것이 토론인데 자꾸만 틀을 벗어난 것들에 대해 이야기하는 것입니다.

예시를 보겠습니다.

 특목고를 폐지해야 한다.

찬성 측　이번 논제에서 특수목적고등학교는 폐지 논란이 있는 외고와 국제고를 대상으로 정의하겠습니다.

반대 측　실업계 고등학교도 법률상으로 특목고입니다. 그럼 목적을 달성하고 있는 실업계 고등학교도 폐지해야 한다는 말인가요?

찬성 측　분명 특목고를 외고와 국제고로 한정한다고 이야기했는데요?

　찬성 측은 논제를 정의할 때 특목고를 외고와 국제고로 한정했습니다. 그러나 반대 측은 실업계 고등학교를 근거로 들며 특목고 폐지를 반대하고 있습니다. 이런 상황이 벌어지면 찬성 측은 입론에서 밝혔던 논제 정의를 되짚으며 적절하지 않은 반론임을 지적해야 합니다. 반대 측이 정해진 틀 밖에서 이야기하고 있기에 그 발언은 부적절하다고 청중에게 알리는 것입니다.

　그런데 찬성 측이 일방적으로 자기에게 유리한 논제를 정의한다면 어떨까요? 반대 측은 그저 받아들여야 할까요? 물론 아닙니다. 찬성 측이 제시한 논제 정의가 타당하지 않을 경우, 반대 측은 이의를 제기할 수 있습니다. 예를 들어보겠습니다.

논제 동물실험을 금지해야 한다.

찬성 측 이번 논제에서 동물실험은 '의료 및 의약 분야의 동물실험'으로 정의하겠습니다.

반대 측 의약 분야뿐만 아니라, 화장품 업계에서의 동물실험도 심각한 문제입니다. 의약 및 의료 분야에 한정하는 것은 찬성 측에게 편향적인 논제 정의라고 생각합니다.

이처럼 찬성 측이 한쪽으로 치우치거나 합리적이지 못한 방식으로 논제를 정의했을 경우 반대 측은 그 틀에 대해 지적할 수 있습니다. 양측 모두가 합리적으로 받아들일 수 있는 논제를 다시 정의해달라고 요구할 수 있는 것입니다.

토론의 시작인 논제 정의는 토론의 범위를 정한다는 측면에서 매우 중요합니다. 찬성 측은 반대 측이 받아들일 수 있는 논제의 틀을 제안함으로써 반대 측과 청중에게 논제의 의미를 제시할 의무가 있습니다. 또한 반대 측은 찬성 측의 논제 정의를 무시하고 생쥐가 코끼리를 만지는 식으로 논제를 해석하지 않도록 주의해야 합니다. 같은 코끼리를 두고 서로 다른 부위에 대해 이야기한다면, 좋은 논의가 이루어지기 힘들기 때문입니다.

2 경로를 이탈하였습니다
: 논제 이탈 지적하기

철수   우리 뭐 먹을까? 짜장면은 어때?

동욱   나 다이어트 중이잖아. 짜장면 한 그릇에 860칼로리야. 거의 밥 세 공기라고.

민서   요즘 곤약으로 만든 제로 떡볶이도 나오는데, 제로 짜장면은 왜 안 나오는 걸까?

동욱   짜장 소스를 기름에 볶아야 하니까 그렇겠지. 만약 나오면 무조건 사 먹어야겠다.

철수   얘들아? 그래서 우리 점심 뭐 먹을 거야?

철수와 친구들이 만나 점심 메뉴를 정하고 있습니다. 그런데 전혀 상관없는 이야기에 빠져서 정작 정말 중요한 점심 메뉴는 결정하지 못하고 있네요.

토론에서도 상대측이 맑은 물에 흙탕물을 타듯 논제와 상관없는 이야기로 청중을 현혹하는 경우가 있습니다. 문제는 이 흙탕물이 토론의 주요한 쟁점들을 감춰버린다는 데 있습니다. 논제를 이탈하는 것은 물론이고, 논제의 본질 자체를 왜곡할 수도 있는 것이죠. 이 경우 우리는 상대가 논제에서 벗어난 이야기를 하고 있음을 지적하여 토론의 경로를 바로잡아야 합니다.

먼저 토론에서 자주 일어나는 두 가지 '경로 이탈'을 살펴보겠습니다.

첫째, 실현 가능성을 지적하거나 대체 방안을 요구할 때

'해야 하는가, 말아야 하는가' 등의 당위성을 논하는 토론에서 반대 측이 실현 가능성을 지적한다면 곤경에 빠지기 쉽습니다. 그럴 때 우리는 토론의 목적은 당위성을 논하기 위함이지, 구체적으로 어떻게 실현할지 계획하는 것이 아님을 분명히 해줘야 합니다. 다음 예시를 보겠습니다.

논제 청소년 화장을 허용해야 한다.

찬성 측 화장을 금지하고 있는 지금도 많은 청소년이 화장을 계속하고 있습니다. 화장을 허용하지 말자는 반대 측은 어떻게 청소년 화장을 금지할 겁니까? 계획이 있나요?

반대 측 오늘 논제는 청소년이 화장하는 것을 허용해야 하는가 말아야 하는가 그 당위성을 논하는 것이지, 어떻게 화장을 허용하거나 금지할 것인지 논하기 위함이 아닙니다. 찬성 측은 논제에서 이탈한 질문으로 논점을 흐리고 있습니다.

 논제와 무관한 '실현 가능성'을 끄집어내 경로를 이탈하는 상황은 '무엇이 바람직한가'를 다루는 가치논제를 이야기할 때 자주 등장합니다. 다음은 'AI 개발 중단'을 논제로 한 토론의 일부입니다.

논제 AI 개발은 중단되어야 한다.

반대 측 휴대폰이나 텔레비전 등 우리 삶 곳곳에 AI가 녹아들어 있습니다. 어떻게 AI 개발을 중단할 건가요? 이미 활발한 개발을 어떻게 막을 겁니까?

찬성 측 오늘 토론은 'AI 개발이 바람직한가'를 논하는 가치토론이지, 'AI 개발 중단이 가능한가'를 논하는 사실토론이 아닙니다. 따라서 실현 가능성과 계획이 아닌 논제의 당위성이 주요 쟁점이 되어야 합니다.

반대 측이 과연 AI 개발을 중단할 수 있겠느냐고 묻습니다. 이에 찬성 측은 토론의 논제는 '무엇이 참이고 거짓인가'를 논하는 사실논제가 아니라고 이야기합니다. 논제의 특성을 강조하며 상대측이 논제를 이탈하였음을 지적한 것입니다.

토론자들은 논제의 테두리 안에서 실현 가능성을 논의해야 합니다. 논제에서 벗어나 실현 가능성을 지적하다 보면 청중에게 '저 팀은 계속 말꼬리만 잡는다'는 인상을 줄 수 있기 때문입니다. 상대가 우리 측의 논제 이탈을 지적했을 때, 마땅히 반박할 말이 없다는 것도 큰 문제입니다.

토론 논제가 우리 사회에서 필수불가결한 요소를 다룰 때, 토론자들은 그것을 대체할 만한 다른 무언가를 제시하라고 요구할 수도 있습니다. 예를 들어 '원자력 발전소를 폐지해야 한다.'라는 논제로 토론한다면, 반대 측은 찬성 측에게 질문할 수 있습니다. 원자력 발전소를 폐지하면 원자력 에너지는 무엇으로 대체할 거냐고요. 문제는 상대측이 계속해서 대체 방안만을 요구하면서 대체 방안이 없다는 것을 주장의 근거로 삼으려 할 때인데요, 전문가들도 내놓기 힘든 대체 방안을 제시하라는 요구는 너무도 어렵게 느껴집니다. 이럴 때도 해결 방법은 마찬가지입니다. 다음 예시를 보며 생각해보겠습니다.

논제 동물실험을 금지해야 한다.

반대 측   현실적으로 생각해보자고요. 동물실험을 무엇으로 대체할 겁니까? 동물에게 실험하지 않으면 사람한테 할 겁니까? 그게 가능하다고 생각하시나요?

찬성 측   이번 토론의 목적은 동물실험 금지의 당위성을 논하는 것이지, 동물실험을 무엇으로, 어떻게 대체할 것인가를 논하는 게 아닙니다. 반대 측은 논제에서 벗어난 이야기로 주요 논점을 가리고 있습니다.

반대 측이 동물실험을 대체할 방안을 요구합니다. 찬성 측은 토론의 목적이 동물실험의 대체 방안을 찾는 것이 아님을 강조함으로써 토론의 경로를 바로잡습니다. 우리는 '대체 방안이 없다'는 것을 주장의 근거로 사용하려는 상대에게 불완전한 방안을 억지로 쥐어짜내 제시할 필요가 없습니다. 토론의 목적이 대체 방안 탐구에 있지 않음을 강조함으로써 반박할 수 있으니까요. 상대방의 대안 요구를 물리치는 방법은 뒤에 나올 「29. 어쩔 수 없잖아?: 대안 요구 물리치기」에서 더 자세히 알아보겠습니다.

둘째, 프레임을 씌우기 위한 이야기를 늘어놓을 때

가장 교묘하면서도 강력한 토론 전략은 상대측에게 프레임을 씌우는 것입니다. 이를 위해 토론자들은 논제와 관련 없는 이야기를 하며 상대측 주장의 신뢰성을 의심하기도 합니다.

다음 예시를 볼까요?

논제 만 16세 미만 아이돌을 법적으로 금지해야 한다.

찬성 측 미성년자 아이돌을 성적 대상화하는 문제가 심각합니다. 아동 보호를 위해서 미성년자 아이돌을 법적으로 금지해야 합니다.

반대 측 그런데 반대 측 토론자님, 아이돌 뉴진스를 좋아하잖아요? 뉴진스에도 미성년자 멤버가 있습니다. 그런데 미성년자 아이돌을 금지해야 한다고 주장하시다니요?

찬성 측 이번 토론은 토론자 개인의 취향을 논하는 자리가 아닙니다. 논제와 관련 없는 개인적인 이야기는 지양해주시기 바랍니다.

반대 측이 '찬성 측 토론자가 뉴진스를 좋아한다'는 사실을 활용해 논제에 흙탕물을 타고 있습니다. 찬성 측이 '미성년자의 성적 대상화'라는 중요한 문제를 제시했음에도 논제와 무관한 이야기를 늘어놓음으로써 논점을 흐리려 하는 것입니다. 이러한 흙탕물이 무서운 이유는 우리 측 주장에 '일관성이 없다'는 프레임이 씌워질 수 있기 때문입니다.

이에 찬성 측은 상대가 논제와 관련 없는 개인적인 이야기를 하고 있다고 지적합니다. 토론이 삼천포로 빠지지 않게 잡아줌으로써 반대 측의 함정에서 빠져나온 것입니다.

이처럼 토론에서는 '논제와 전혀 관련 없지만 자신들에게는 유리한 이야기'가 등장하곤 합니다. 청중이 그러한 이야기를 토론의 일부로 받아들이고 설득되어버리는 경우가 은근히 많습니다. 따라서 상대측이 논제와 무관한 이야기로 우리 측에 프레임을 씌우려 한다면, 논제를 이탈하였음을 분명히 해야 합니다.

토론에서 자주 발생하는 두 가지 논제 이탈 상황을 정리해 보겠습니다.

> 첫째, 실현 가능성을 지적하거나 대체 방안을 요구할 때
> 둘째, 프레임을 씌우기 위한 이야기를 늘어놓을 때

앞으로 상대가 논제와 관련 없는 이야기를 주구장창 늘어놓는다면, 자신 있게 외쳐봅시다.

"삐빅, 경로를 이탈하였습니다!"

3. ~일 수도 있고 아닐 수도 있습니다
: 반대의 폭 넓히기

　몇 년 전, 모 정치인의 말이 유행어가 되었던 적이 있습니다. 바로 '~일 수도 있고 아닐 수도 있습니다.'인데요, 토론에서 이 표현을 유용하게 사용할 수 있는 상황이 있습니다. 바로 논제를 해석할 때입니다.

　토론의 논제는 평서문 형태로 주어집니다. '인간은 선하다'처럼 말이죠. 그렇다면 이와 반대되는 명제는 무엇일까요?

　많은 사람이 '인간은 악하다.'라고 생각합니다. 그러나 '인간은 선하다'의 반대 명제는 '모든 인간이 선하지는 않다.'입니다. 즉 인간은 선할 수도 악할 수도 있으며 '절대적으로' 선하지는 않다는 것입니다. 이렇게 되면 찬성 측은 '모든 인간은 선하다'는 절대적으로 좁은 범위의 주장만을 가지고 가게 되는 반면, 반대 측은 '모든 인간은 악하다' '모든 인간은 선할 수도 있고 악할 수도 있다'와 같은 논리들을 보다 자유롭게 활용할 수 있습니다.

악하다   악할 수도, 착할 수도 있다

실제로 '인간은 선하다'의 반대말을 '인간은 악하다'로 본다면, 반대 측은 모든 인간이 악하다는 근거만을 활용할 수 있습니다. 하지만 반대 측이 '인간이 절대적으로 선하지는 않다'라는 입장을 견지한다면 어떨까요? 인간이 선하다는 찬성 측 근거를 일부 수용하면서도 인간이 악하다는 근거를 몇 가지 들어, 인간이 절대적으로 선하지는 않다고 주장할 수 있습니다. 논제를 해석하는 방향에 따라, 활용할 수 있는 주장의 범위에 큰 차이가 생기는 것입니다.

이러한 논제 해석법은 아리스토텔레스의 정언논리를 활용한 것인데요, 그는 주어와 술어의 포함관계를 나타내기 위한

명제를 '정언명제'라 칭하고 네 가지로 나누었습니다.

긍정	A 명제	- '모든 a는 b다.'
	I 명제	- '어떤 a는 b다.' - 적어도 하나는 맞다.
부정	E 명제	- '모든 a는 b가 아니다.'
	O 명제	- '어떤 a는 b가 아니다.' - 적어도 하나는 아니다.

　토론 논제는 대부분 A명제로 주어집니다. 여기서 반대 측이 논제의 반대말을 E명제가 아니라 O명제로 해석한다면, 청중에게 더 와닿는 주장을 펼칠 수 있습니다. 예시를 통해 이해해 보겠습니다.

논제	선의의 거짓말은 윤리적이다.
E 명제	모든 선의의 거짓말은 윤리적이지 않다.
O 명제	어떤 선의의 거짓말은 윤리적이지 않다.

　논제의 반대말을 E명제로 해석한다면, 반대 측은 모든 선의의 거짓말이 윤리적이지 않다는 근거를 들어야 합니다. 그러

나 논제의 반대 입장을 O명제로 해석한다면, 주장의 폭을 넓힘과 동시에 청중을 더 합리적으로 설득할 수 있습니다.

다음 토론 상황을 통해 논제 해석에 따라 반대 측 주장의 폭이 어떻게 달라지는지 보겠습니다. 먼저 논제의 반대말을 '모든 선의의 거짓말은 비윤리적이다.'라고 잡았을 때입니다.

해석 모든 선의의 거짓말은 비윤리적이다(E명제).

찬성 측　2차 세계대전 당시, 유대인들을 숨겨주고 나치에 그들이 어디 있는지 모른다고 거짓말한 사례들이 있습니다. 이런 거짓말은 윤리적인 게 아닌가요?

반대 측　아닙니다. 거짓말은 본질적으로 비윤리적입니다. 사람들이 유대인을 위해 거짓말했다는 것은 이해하지만, 윤리적인 행동이었다고 할 수는 없습니다. 거짓말의 윤리성은 결과에 따라 결정되는 것이 아니며, 거짓말은 본질적으로 비윤리적이기 때문입니다.

반대 측이 거짓말은 무조건 비윤리적이라는 입장을 고수합니다. 그러나 청중을 설득하기엔 다소 부족해 보입니다.

그럼 논제의 반댓말을 O명제로 해석했을 때는 어떨까요?

해석 어떤 선의의 거짓말은 비윤리적이다(O명제).

찬성 측 2차 세계대전 당시, 유대인들을 숨겨주고 나치에 그들이 어디 있는지 모른다고 거짓말한 사례들이 있습니다. 이런 거짓말은 윤리적인 게 아닌가요?

반대 측 <u>모든 선의의 거짓말이 윤리적인 것은 아니며, 비윤리적인 선의의 거짓말도 분명 존재합니다.</u> 우리가 일상에서 자주 보게 되는 선의의 거짓말은 주관적인 선의를 근거로 행해지는 경우가 많습니다. 분명 비윤리적인 상황이 발생하고 있다는 것입니다.

 반대 측은 찬성 측이 가정한 상황을 딱히 부정하지 않습니다. 대신 논제를 보다 폭넓게 해석함으로써 비윤리적인 선의의 거짓말도 분명 존재한다고 강조하죠. 이러한 논리는 거짓말은 무조건 비윤리적이라고 주장하는 것보다 훨씬 설득력 있습니다.

 논제 해석은 토론자들이 점유할 수 있는 주장과 논거의 범주를 결정짓는다는 점에서 매우 중요합니다. 그러니 반대 측에서 논제를 해석할 때에는 이런 말을 붙여보면 어떨까요?

 "~일 수도 있고 아닐 수도 있습니다."

4 너는 첫판부터 장난질이냐?
: 판 흔들기 방지하기

영화 〈타짜〉의 한 장면입니다. 고광렬이 손장난으로 판을 흔들려 하자, 아귀는 고광렬의 손목을 탁 잡으며 이야기하죠.

"너는 첫판부터 장난질이냐?"

토론에서도 장난질로 판을 흔들려 하는 경우가 종종 있습니다. 바로 논제를 교묘하게 해석하여 논제 자체를 부정하는 상황입니다. 예시를 보겠습니다.

논제 과학기술은 인간을 행복하게 한다.

반대 측   과학기술은 전쟁에 쓰여 인간을 죽이기도 합니다.

찬성 측   그것은 과학기술 때문이 아니라, 기술을 전쟁에 사용한 인간의 잘못입니다.

　　찬성 측은 전쟁의 폐해는 과학기술 자체의 문제가 아니라 과학을 악용한 사람들의 탓이라 주장합니다. 그러나 이렇게 과학기술을 가치중립적으로 해석한다면, "과학기술은 인간을 행복하게 한다."라는 논제 자체가 성립하지 않습니다. 인간이 과학기술을 통해 행복해진다 해도 그것 역시 과학기술이 아니라 과학을 잘 사용한 인간 덕분이기 때문입니다. 따라서 반대 측은 찬성 측의 반박은 과학의 가치중립성을 전제하고 있어 토론의 판 자체를 흔드는 논리임을 지적해야 합니다. 반론을 이어가보겠습니다.

반대 측   과학기술은 전쟁에 쓰여 인간을 죽이기도 합니다.

찬성 측   그것은 과학기술 때문이 아니라, 기술을 전쟁에 사용한 인간의 잘못입니다.

반대 측   그렇다면 과학기술이 인간을 행복하게 했다 하더라도 그것 역시 과학기술이 아니라 인간 덕분이라고 말할 수 있겠네요. 그렇다면 본 토론의 논제 자체가 성립할 수 없습니다. 기술과 인간이 별개라는 건 이번 토론 자체를 부정하는 논리입니다.

이처럼 상대가 논제를 교묘히 해석해 판을 흔들려 한다면, 그러한 해석 방식은 논제를 왜곡한다는 사실을 드러내야만 합니다. 일단 상대측이 판을 흔들어버리면, 우리 측이 아무리 좋은 근거를 제시해도 청중을 설득하기 힘들어지기 때문입니다. 청중이 과학의 가치중립성을 수용해버리면, 반대 측이 아무리 과학기술의 폐해를 많이 제시해도 청중은 '그것은 모두 과학기술을 악용하는 인간 때문'이라고 생각하게 됩니다.

그렇다면 상대가 판을 흔들고 있다는 사실은 어떻게 파악할 수 있을까요? 다음의 두 단계를 거치면 됩니다.

> 1단계: 상대측이 사용한 논리를 반대로 재해석한다.
> 2단계: 재해석한 논리를 토론 논제에 적용해본다.

그럼 실전 예시를 통해 상대측의 판 흔들기 전략을 간파해보겠습니다. 다음은 선거 연령 인하 토론에 자주 등장했던 판 흔들기 전략입니다.

 선거 연령을 만 17세로 인하해야 한다.

반대 측 선거 연령을 만 17세로 인하해야 한다고 주장하시는데, 기준이 무엇인가요? 만 16세는 안 되고 만 17세는 되는 이유가 있나요?

반대 측은 선거 연령을 왜 군이 만 17세로 인하해야 하는지 묻습니다. 만 16세는 안 되냐면서요.

1단계: 상대측 논리를 반대로 재해석한다

그럼 '만 16세는 안 되고 만 17세는 되는 이유가 있느냐'는 반대 측 논리를 우리 측에서 재해석해보겠습니다. 반대 측은 분명 선거 연령을 만 17세로 인하하는 것을 반대하며 선거 연령을 현행 만 18세로 유지할 것을 주장하고 있습니다. 그렇다면 우리 측은 상대측의 논리를 '만 17세는 안 되고 만 18세는 된다는 이유가 무엇이냐'로 재해석할 수 있습니다.

2단계: 재해석한 논리를 토론 논제에 적용해본다

이제 우리 측 입장에서 재해석한 상대측의 논리를 토론 논제에 적용해봅시다. '만 17세는 안 되고 만 18세는 되는 이유'를 묻는다면 이미 제시된 논제에 의문을 제기하는 것입니다. 따라서 '왜 선거 연령을 인하해야 하는가'라는 토론의 주요 논점을 왜곡한다는 사실을 알 수 있습니다.

판 흔들기 전략을 간파했다면 이제 상대의 논리를 그대로 이용하여 반론해주면 됩니다.

반대 측 선거 연령을 만 17세로 인하해야 한다고 주장하시는데, 기준이 무엇인가요? 만 16세는 안 되고 만 17세는 되는 이유가 있나요?

찬성 측	그럼 반대 측은 현 기준 그대로 만 18세부터 투표권을 받아야 한다는 입장인가요?
반대 측	예.
찬성 측	그렇다면 만 17세는 선거에 참여하면 안 되고, 만 18세는 참여해도 된다는 이유가 무엇인가요? 또 만 17세라는 나이 기준은 본 토론의 논제가 제시하고 있는 바인데, 여기에 반론을 제기하는 것은 논제 자체를 부정하는 일이라고 생각합니다.

찬성 측은 '왜 꼭 만 17세여야 하는가?'라는 질문은 논제가 제시한 나이 기준에 의문을 제기하여 논점을 흐리는 일이라고 지적했습니다. 이 과정에서 반대 측이 제시한 의문을 역이용하여 상대가 토론의 판을 흔들고 있음을 분명히 했습니다.

토론하다가 상대측이 토론 논제를 부정하거나 논점을 흐리고 있음을 눈치채면 손목을 낚아채고 질문해봅시다.

"어이, 너는 첫판부터 장난질이냐?"

5. 결합의 오류
: 논제 전체로 파악하기

어느 학교의 과학 시간, 철수가 투명인간의 존재를 증명하겠다고 합니다.

"여러분 산소와 수소가 눈에 보이나요? 안 보이죠. 그러니까 둘이 결합하여 이루어진 물도 안 보일 겁니다. 사람 몸의 대부분을 이루는 물이 눈에 보이지 않는다면, 투명인간이 있을 수도 있다는 뜻이죠!"

이상한 주장입니다. 분명 산소와 수소는 보이지 않지만, 두 개가 결합한 물은 보이니까요. 이렇듯 전체를 구성하는 일부

분들의 속성을 가지고 전체의 속성을 추리하는 오류를 '결합의 오류'라고 합니다. 토론 논제를 해석할 때 결합의 오류를 자주 찾아볼 수 있습니다. 바로 논제를 전체적으로 파악하지 않고 일부 단어의 특성을 논제 전체로 확장할 때 그렇습니다.

'북극 자원 개발을 허용해야 한다.'라는 논제가 주어졌다고 가정해보겠습니다. 찬성 측은 '북극'에 집중한 나머지 극지방의 희귀한 생물들과 과학적 가치를 열거하곤 합니다. 그러나 논제를 자세히 살펴보면 '과학 개발'이 아니라 '자원 개발'의 찬반을 다루고 있음을 알 수 있습니다. 따라서 북극의 과학적 가치를 열거하는 찬성 측의 논리는 자원 개발을 논의하는 토론의 방향과 어긋날 뿐 아니라, 오히려 북극을 보호해야 한다는 논리로 이어지게 됩니다.

그럼 결합의 오류가 발생한 또 다른 사례를 통해 논제를 전체적으로 해석하는 것이 중요한 이유를 알아보겠습니다.

논제 교내 휴대폰 사용을 금지해야 한다.

찬성 측 휴대폰에서는 몸에 해로운 전자파가 나와 건강에 좋지 않습니다.

반대 측 그것은 휴대폰의 단점에 대한 주장입니다. 본 토론 논제는 '교내 휴대폰 사용'에 대한 것으로 범위를 명확히 한정하고 있습니다. 휴대폰 자체가 지니는 단점은 교내 휴대폰 사용 금지의 당위성과 연결될 수 없습니다. 휴대폰이 몸에 해로워 금지해야 한다는 것은 학생들뿐

만 아니라 모든 사람에게 해당하는 논리이기 때문입니다. 찬성 측은 휴대폰 자체의 단점보다는 교내에서 휴대폰 사용을 금지해야 하는 이유를 제시해주시기 바랍니다.

찬성 측은 논제를 전체적으로 파악하지 않고 '휴대폰' 자체에만 집중했습니다. 이와 같이 토론자들은 논제의 특정 단어에 매몰되지 말고 전체적인 맥락을 이해해야 합니다.

반대로 상대측이 논제의 한 부분을 근거로 주장을 펼친다면, 우리 측은 토론 논제 자체를 제시하며 반박할 수 있습니다. 논제의 부분적 특성을 바탕으로 논제 전체가 옳거나 그르다고 판단할 수는 없다고 집어주는 것입니다.

그럼 토론 논제를 전체적으로 파악하지 못한 사례를 통해 반론을 진행해보겠습니다.

 편의점에서 담배 광고를 하면 안 된다.

찬성 측　흡연이 우리 몸에 얼마나 안 좋은지 모르세요? 흡연에는 수많은 단점이 있습니다. 첫째….

찬성 측이 논제의 일부인 '담배'에 집중한 나머지, '편의점 담배 광고 금지'라는 논제를 전체적으로 파악하지 못하고 담배의 단점만을 나열하려 하네요. 편의점에서 담배 광고를 하면 안 되는 이유를 설득하는 것이 아니라 금연 교육을 하는 상황이 벌어진 것입니다.

이렇게 상대가 결합의 오류를 범했을 때, 우리는 다음과 같이 반론할 수 있습니다.

찬성 측 흡연이 우리 몸에 얼마나 안 좋은지 모르세요? 흡연에는 수많은 단점이 있습니다. 첫째…

반대 측 흡연이 몸에 좋지 않다는 사실은 압니다. 그런데 논제는 '흡연은 몸에 해로운가.'가 아니라 '편의점 담배 광고를 해야 하는가.'거든요. 찬성 측은 흡연의 단점이 아니라, 편의점에서 담배 광고를 하면 안 되는 이유를 말씀해주셔야 합니다.

반대 측은 찬성 측이 논제의 극히 일부분에 집중하고 있다는 사실을 지적하며, 논제인 '편의점 담배 광고 금지'를 청중에게 상기시킵니다. 즉 논제의 일부인 '담배' 그 자체의 단점이 '편의점 담배 광고'를 하면 안 되는 이유가 될 수는 없음을 집어낸 것입니다.

상대측이 논제의 일부분에만 집중할 때, 우리는 일부분의 특성이 결합체의 특성으로 환원되지 않는다는 사실을 기억할 필요가 있습니다. 부분의 특성을 바탕으로 전체의 특성을 확정 짓는 것은 어디까지나 하나의 추론일 뿐임을 명확히 해야 하는 것입니다.

상대가 결합의 오류를 저지른다면 이렇게 외쳐봅시다.

"담배가 몸에 해롭다고 편의점 광고도 건강에 해로울 거라고 장담할 수 있나요?"

6. 분홍색 색안경
: 관점 바꾸기

옛날 어느 나라에 분홍색을 좋아하는 임금님이 있었습니다. 그는 나무, 동물, 꽃 등 주변의 모든 물건을 분홍색으로 염색했습니다. 그러나 임금님이 바꿀 수 없는 것이 한 가지 있었으니, 바로 하늘이었죠.

임금님은 분홍색 하늘을 갖고 싶어서 똑똑한 스승을 찾아갔습니다. 스승은 임금님의 고민을 듣더니 조금 생각한 뒤 말했죠.

"이미 하늘을 분홍색으로 바꿔놓았으니 이 안경을 끼고 하늘을 한번 보게."

임금님은 의심쩍은 표정으로 안경을 끼고 하늘을 보았습니다. 그런데 정말 하늘이 분홍색으로 변해 있는 게 아니겠어요?

"와아… 정말 분홍색이구나! 구름까지도 모두 분홍색이야!"

임금님은 온통 분홍색으로 변한 하늘을 보고 만족했습니다. 불가능할 것 같던 일이 분홍색 색안경 하나로 해결된 순간이었습니다.

이 이야기는 세상을 바라보는 관점의 중요성을 이야기해줍니다. 임금님이 분홍색 색안경을 통해 하늘을 다르게 바라본 것처럼, 우리는 관점에 따라 우리 자신과 주변을 다르게 바라볼 수 있죠.

토론에서도 마찬가지입니다. 같은 논제를 어떻게 해석하느냐에 따라 펼 수 있는 주장이 달라지고, 각 주장이 가지는 힘에도 차이가 생깁니다. 따라서 우리는 보편적인 관점에서 벗어나 다양한 시각에서 논제를 바라보려고 노력해야 합니다. 새로운 시각에서 파생된 논리들은 분홍색 색안경처럼 우리 측에 불리했던 상황을 바꾸어주는 전환점이 되기 때문입니다. 이렇듯 청중이 논제를 해석하는 보편적인 시각에 변화를 주는 것을 '관점 바꾸기' 전략이라 말합니다.

실제 토론에 등장했던 관점 바꾸기 전략의 사례를 보겠습니다.

논제 친일 작가들의 문학작품을 교과서에 등재해야 한다.

반대 측 당시 친일에 가담했다는 것은 그 자체로 용서받을 수 없는 행동입니다. 응보적 차원에서 친일에 동조한 이들의 작품은 교과서에 등재하면 안 됩니다.

찬성 측 친일이 나쁜 행동이라는 주장에는 동의합니다. 하지만 토론 주제는 '친일파가 나쁜가?'가 아니라 '친일 작가들의 작품을 교과서에 등재해야 하는가?'입니다. 친일 인사들은 우리의 역사적 아픔으로서 평생 기억하고 반성해야 할 문제입니다. 따라서 교과서에 친일 작가들의 작품과 함께 그들의 만행에 대한 해설을 함께 등재하여 우리의 아픈 역사를 되새기도록 하면 어떨까요?

　

이 경우 찬성 측은 자칫 친일 작가를 옹호한다는 부정적인 인상을 줄 수 있었습니다. 그러나 찬성 측은 교과서를 통해 우리 역사의 자랑스러운 부분을 다룰 뿐 아니라, 부끄러운 부분을 되새기고 반성할 수도 있다고 주장했습니다. 교과서 등재의 의미를 바라보는 시각을 전환하여 불리한 입장을 유리하게 바꾼 것입니다.

한 가지 예시를 더 보겠습니다.

논제 착한 사마리아인 법*을 도입해야 한다.

찬성 측 착한 사마리아인 법을 통해, 죽어가는 사람들을 무시하며 윤리적 책임을 다하지 않는 상황을 줄일 수 있습니다.

반대 측 무시하는 행위에 대가를 부여한다는 것은 반대로 대가를 지불하면 무시하는 행위의 정당성이 확보된다는 것과 같습니다. 착한 사마리아인 법을 제정하는 행위가 오히려 죽어가는 사람을 무시하는 상황을 만들 것입니다. 예를 들어 "난 벌금을 낼 테니까 저기 죽어가는 사람을 무시해도 괜찮아!"라고 생각할 수 있다는 것이죠.

찬성 측은 '윤리적 책임'을 주요 근거로 삼고 있습니다. 반대 측은 착한 사마리아인 법을 다른 시각으로 바라보며 이 법이 오히려 윤리적 책임을 다하지 못하게 할 수 있다고 주장합니다. 청중의 관점을 바꾸어 찬성 측의 주요 근거인 윤리적 책임을 역으로 활용하기 위함입니다.

관점 바꾸기는 청중이 논제를 바라보는 시각을 바꿔줍니다. 일단 관점을 바꿔주면 청중은 논제를 둘러싼 근거들을 새롭게 인식하게 되지요. 토론에서는 '관점 바꾸기' 전략을 통해 상대 측의 주요 근거를 역으로 이용하는 상황이 자주 연출됩니다. 상대가 제시한 근거를 그대로 활용하여 반론하는 전략이라니,

---

* 스스로 위험하지 않은 상황인데도 불구하고 위험에 처한 타인을 돕거나 구조하지 않은 사람을 처벌하는 법이에요.

참 멋지지 않나요?

무엇보다 중요한 사실은 이 '관점 바꾸기'에 반론하기란 결코 쉽지 않다는 것입니다. 고전적인 근거에서 벗어난 논의들인 만큼 미리 반론을 준비하기가 불가능에 가깝기 때문입니다. '관점 바꾸기'는 청중의 기본적인 생각 체계를 바꾸는 과정인 만큼 노력이 필요하지만, 그 파급력은 토론의 승패를 결정지을 만큼 뛰어납니다.

힘껏 싸우고 안아주기

때는 중학교 2학년 시절, 인천 중학생 토론대회 결승전에서의 일입니다.

토론할 때 매우 공격적이었던 저는 극단적인 단어들을 자주 사용했습니다. 말꼬리를 잡거나, 논점을 흐리거나, 상대를 당황시키는 데 능숙했죠. 특히 상대방을 비웃는 표정은 정말 예술이었는데, 같은 팀원조차 진저리가 날 정도라고 이야기하곤 했습니다.

결승전이 시작되고, 상대측이 제가 입론에서 이미 이야기했던 내용을 질문했습니다. 저는 속으로 외쳤죠. '됐다!' 그리고 옅은 미소를 띠며 이렇게 반론을 시작했습니다.

"저희 입론을 들으셨는지는 모르겠지만…"

토론이 끝나고 우리 팀은 승리를 확신했습니다. 논리와 반박에서 밀리는 부분이 없었기 때문입니다. 그러나 결과는 예상과는 달랐습니다. 심사위원은 제 토론 태도를 지적하며, 예의가 없었다는 점을 큰 감점 요소로 꼽았죠. 여기서 의문이 들었습니다.

'토론은 논리 싸움인데, 태도가 주요한 판단 요인이 될 수 있나? 논리로는 우리가 이겼는데 단순히 태도가 안 좋다는 이유로 패배하는 게 말이 되나?'

분을 삭이며 돌아오는데, 지도 선생님께서 말씀하셨습니다.

"내가 너에게 싸우는 것만 너무 많이 가르쳤나 보다. 토론의 본질은 싸우는 게 아니야. 상대를 설득하고 동의를 구하는 것이지. 아무리 논리에 능숙하다 해도 네가 싸우는 데 쾌감을 느끼고 있다면 보는 사람 입장에선 반감이 생길 수밖에 없어."

저는 그 말을 들으며 토론이 끝난 뒤면 감정 상한 눈빛으로 저를 바라보던 상대 토론자들을 떠올렸습니다. 그리고 그런 그들의 모습에서 쾌감을 느끼던 스스로의 모습은 제 내면의 무언가를 갉아먹고 있었다는 사실을 자각했습니다. 그동안 토론을 검투에 비유해왔던 저는 그날부로 생각을 바꿨습니다.

토론은 검투가 아니라 권투라는 것.
누군가를 죽이기 위해,
누군가를 굴복시키기 위해 하는 게임이 아니라
다툰다는 사실 자체에 큰 가치가 있다는 것.

싸울 땐 진심을 다하되
싸움이 끝난 이후엔 서로를 안아주어야 한다는 것.

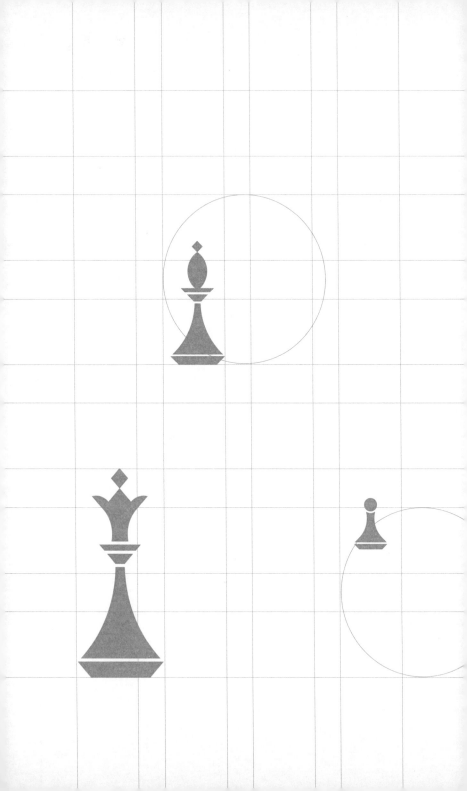

2장

스큐어(skewer)

기물의 배치 구조를 이용해
상대 기물을 공격하는 전략

7. 인과관계 vs 상관관계
: 립스틱과 스킨케어

토론하다 보면 인과관계와 상관관계를 혼동하는 사람을 많이 보게 됩니다. 그 결과 그들은 문제의 원인을 엉뚱하게 파악하고, 논의는 점점 산으로 가게 되죠.

"그럼 상관관계와 인과관계란 무엇일까요?"

철수는 야식으로 라면을 먹고 매일 아침 지각하는 습관이 있습니다. 철수가 먹은 라면의 개수와 철수가 지각한 횟수는 비례합니다. 라면을 많이 먹을수록 더 많이 지각한 것이죠. 이렇듯 두 변수 간에 어떠한 관련이 있다고 추측되는 관계를 상관관계라고 합니다.

그러나 철수가 지각한 이유가 라면을 먹었기 때문은 아닙니다. 철수가 매일 늦게 잤기 때문이죠. 여기서 철수가 늦게 잔 것과 지각한 것 사이에는 원인과 결과라는 명백한 관계가 성립합니다. 이런 관계를 인과관계라고 말합니다.

그러나 사람들은 종종 두 변수가 비례하거나 반비례하는 상관성만으로 인과관계가 있다고 결론 내립니다. 이 경우 어떤 일이 벌어질까요? 사례를 통해 알아보겠습니다.

코로나19 팬데믹 당시 시장은 립스틱 판매량이 줄고 스킨케어 상품 판매량은 상승하는 양상을 보였습니다. 코로나19로 인해 사람들이 일상생활에서 마스크를 끼고 지내게 되었기 때문입니다. 마스크에 묻어나는 립스틱을 잘 쓰지 않는 반면, 마스크로 지친 피부를 관리하기 위해 스킨케어 상품은 더 많이 사게 된 것이죠. 즉 립스틱 판매량과 스킨케어 상품의 판매량 사이에는 서로 반비례하는 '상관관계'가, 마스크 착용과 립스틱 판매량 그리고 마스크 착용과 스킨케어 상품 판매량은 각각 '인과관계'가 성립합니다.

그런데 립스틱과 스킨케어 상품의 상관관계를 인과관계로 착각하면 어떻게 될까요? 립스틱을 판매하는 사람들은 스킨케어 상품이 팔릴 때마다 두려움에 떨며 말할 것입니다.

"저 마스크팩이 많이 팔리면 우리 립스틱은 잘 안 팔려! 우리가 이득을 보려면 마스크팩 판매를 막아야 해!"

우리는 두 변수가 비례하거나 반비례한다고 해서 인과관계가 있는 것은 아님을 기억해야 합니다. 따라서 상대측이 두 변수의 상관성을 근거로 인과관계를 주장한다면, 우리는 상관성이 있다고 해서 인과관계라 단정 지으면 안 된다고 지적할 수 있습니다. 상대측이 당연하다고 생각했던 인과관계를 건드림으로써 논의를 유리하게 끌어올 수 있는 것입니다. 다음 예시를 보겠습니다.

 스크린 쿼터제*를 폐지해야 한다.

반대 측　　스크린 쿼터제는 한국 영화를 보호해주는 제도입니다. 한국 영화의 극장 점유율이 높을수록 우리나라 영재 학생의 숫자가 많아진다는 사실이 밝혀졌습니다. 우리나라의 미래를 위해서는 스크린 쿼터제를 유지하고 한국 영화의 점유율을 높여야 합니다.

찬성 측　　한국 영화의 극장 점유율과 영재 학생 숫자 간에 상관관계가 있다고 해서 인과관계까지 성립하는 것은 아닙니다. 따라서 반대 측은 한국 영화의 극장 점유율이 우리나라 영재 학생 숫자 증감의 직접적인 원인이 된다는 사실을 먼저 증명해야 합니다.

---

* 극장에서 1년에 정해진 일수 이상은 반드시 국산 영화를 상영하도록 하는 제도입니다. 우리 영화를 보호·육성하기 위하여 정부가 규정한 조치이지요.

한국 영화의 극장 점유율과 영재 숫자의 상관관계는 실제로 증명되었습니다. 그러나 스크린 쿼터제 폐지 반대 측은 이를 마치 인과관계처럼 사용하여 스크린 쿼터제를 유지해야 한다고 주장하고 있습니다. 찬성 측은 상대가 인과관계와 상관관계를 혼동하고 있음을 눈치챘습니다. 그리고 한국 영화의 극장 점유율과 영재 숫자 사이의 인과관계를 보여주는 근거를 요구함으로써 상대측의 논리를 무너뜨렸지요. 이렇듯 인과관계와 상관관계를 구분하는 시각을 가지면 해석틀을 바꿈으로써 토론에서 쉽게 승리할 수 있습니다.

상대측이 상관성을 근거로 인과관계를 주장할 때, 자신 있게 외쳐봅시다.

"사람들이 립스틱을 산다고 해서 마스크팩이 안 팔릴 것 같니?"

8 가지를 쳐도 나무는 죽지 않는다
: 조절 변수 구분하기

어느 겨울날, 영희가 땔감으로 쓰려고 마당에 있는 나무의 가지를 몇 개 잘라 왔습니다. 그런데 철수가 갑자기 울음을 터뜨리는 게 아니겠어요? 영희는 당황하여 철수에게 왜 우느냐고 물었습니다.

"크흡… 가지를 쳤으니까… 나무가… 죽은 거잖아…."

이렇게 어리석을 수가! 철수는 가지를 쳐내면 나무가 죽는다고 생각한 것입니다. 하지만 가지를 쳐낸다고 해도 나무는 죽지 않고 살아갑니다.

어떤 문제를 다룰 때도 마찬가지입니다. 문제는 그것을 유발하는 '근본적인 원인'과 그 원인을 자극하는 수많은 '자극제'로 이루어져 있습니다. 원인이 결과에 미치는 정도를 조절하는 자극제를 '조절변수'라고 합니다. 조절변수는 원인이 아닙니다. 하지만 원인이 결과에 미치는 영향의 정도를 조절해줍니다. 즉 자극제인 조절변수를 없애도 근본적 원인이 해결되지 않는 이상 문제는 사라지지 않습니다.

예를 들어보겠습니다. 우리는 고기를 먹으면 행복합니다. 그 고기를 상추에 싸 먹으면 더 행복해지죠. 상추는 고기가 우리를 행복하게 하는 정도에 영향을 미칩니다. 상추가 없어도 고기는 맛있지만 상추가 있다면 더 맛있습니다. 이때 상추는 고기가 우리에게 주는 만족감을 더해주는 조절변수의 역할을 하는 것입니다.

토론하다 보면 조절변수를 원인으로 착각하여 마치 조절변수를 없애면 문제가 해결된다는 식으로 말하는 경우를 자주 만납니다. 행복의 원인을 상추로 착각하여, 상추 없이 고기만 먹는다면 우리는 불행해진다고 주장하는 거죠. 그러나 가지치기를 한다고 해서 나무가 죽지는 않는 것처럼, 맛있는 고기를 먹는다면 설사 상추가 없다 해도 우리는 행복할 것입니다.

그럼 조절변수를 근본적인 원인으로 착각한 예시를 보겠습니다.

인터넷 실명제를 실시해야 한다.

찬성 측　익명성이 악플을 만듭니다. 실명제를 통해 익명성을 없애면 악플이 줄어들 것입니다.

반대 측　악플의 원인은 잘못된 인터넷 문화지 익명성이 아닙니다. 익명성은 근본적 원인이 아니라 조절변수에 불과합니다. 실제로 자신의 이름을 공개한 상태로 악플을 다는 사람이 많습니다. 익명성을 없앤다고 해서 잘못된 인터넷 문화를 개선할 수는 없습니다.

　찬성 측은 익명성이 악플의 원인이라고 주장합니다. 그러나 반대 측은 근본적인 원인은 익명성이 아니라 잘못된 인터넷 문화라고 주장합니다. 즉 익명성과 악플 문화를 인과관계로 생각하지 않고, 익명성은 잘못된 인터넷 문화를 자극하는 하나의 조절변수라 본 것입니다. 따라서 익명성을 없앤다고 해도 잘못된 인터넷 문화가 개선되지 않는 이상 악플은 계속될 것이라고 청중을 합리적으로 설득하고 있습니다.

　문제의 근본적인 원인과 조절변수를 구분하는 것은 반대 측이 당위적인 가치 실현에 반대한다는 이미지에서 벗어나게 해줍니다. 인터넷 실명제를 반대한다고 하면 자칫 청중에게 '악플'이라는 나쁜 문화를 옹호한다는 인상을 줄 수 있습니다. 따라서 위의 예시에서 반대 측은 인터넷 실명제가 근본적인 해결책이 아니라고 주장함으로써 청중에게 다음의 메시지를 전한 것입니다. '우리는 악플 문화를 옹호하는 게 아니야. 그저

상대측의 해결책이 피상적이라고 지적하는 거지!'

    찬성 측은 스스로 문제의 뿌리를 건드리는 주장을 펼치고 있음을 강조해야 합니다. 우리가 제시한 해결책은 문제의 본질적인 부분을 개선한다고 청중을 설득해야 합니다. 반면 반대 측은 '상대가 제안한 해결책이 하나의 조절변수를 해결할 수는 있으나, 문제의 본질적인 부분을 건드리지 못한다'는 관점을 유지해야 합니다. 상대가 제시한 해결책은 효과적이지 못하다며 더 좋은 대안들을 제시하는 것입니다. 반대 측은 조절변수 구조를 통해 정책의 효용성에 의문을 던짐과 동시에 찬성 측이 제시한 해결책이 가지치기에 지나지 않는다고 청중을 설득해야 합니다.

9.   브릿지
: 암묵적 전제 공략하기

　민서가 약속 시간에 늦지 않기 위해 분주한 모양입니다. 옆에 있는 중국인 친구 웡에게 묻습니다.

민서　　웡, 지금 몇 시야? 내가 10시에 약속이 있어서….

웡　　9시야.

민서　　그럼 천천히 준비해도 되겠다.

　　　　(10분 뒤)

민서　　웡! 뭐야!! 아까 10시였잖아?! 왜 나한테 거짓말했어?

웡	중국 기준이었지. 네가 한국 시간으로 알려달라고 말하진 않았잖아.
민서	뭐라고?

웡의 말에 민서는 어이없다는 반응을 보입니다. 우리가 시간을 이야기할 때는 당연히 '한국 시간'이라는 전제조건이 깔려 있는 거니까요. 웡처럼 암묵적 전제를 지적하는 태도는 일상생활에서는 다소 비상식적이라 여겨질 위험이 있지만, 토론에서는 매우 유용한 전략이 될 수 있습니다.

토론에서 논리는 그 자체로 존재하기보다는 수많은 근거와 사슬처럼 엮여 있습니다. 그런데 많은 토론자가 이 '논리사슬'을 인식하지 못한 상태로, 상식적인 공감대에 기대어 자신도 모르게 전제를 깔곤 합니다. 문제는 이 전제가 아직 입증되지 않았거나 토론장에서 논의되지 않았을 때 발생합니다.

상대측이 저도 모르게 전제해버린 논리사슬을 끊어내는 것을 '브릿지 전략'이라 합니다. 상대방이 건너온 논리와 논리 사이의 다리를 끊어 오도 가도 못하게 막아버리는 것입니다. 예를 들어보겠습니다.

논제 종이책을 전자책으로 대체해야 한다.

찬성 측 IT 산업이 발달한 한국은 전자책 시장을 형성할 역량이 충분합니다.

찬성 측은 우리나라의 IT 기술력을 강조하며 전자책 대체의 당위성을 주장하고 있습니다. 그러나 이 논리에는 찬성 측이 자신도 모르게 전제해버린 논리사슬이 숨어 있습니다. 바로 'IT 기술이 발달한 나라에서는 무조건 전자책을 사용해야 한다.'라는 전제입니다.

한국은 IT 선진국이다.
⇩
(IT 선진국은 전자책으로 대체해야 한다.)
⇩
종이책을 전자책으로 대체하자!

따라서 반대 측은 찬성 측이 암묵적으로 전제해버린 논리를 입증해달라고 요구할 수 있습니다.

찬성 측   IT 산업이 발달한 한국은 전자책 시장을 형성할 역량이 충분합니다.

반대 측   종이책을 전자책으로 대체해야 하는지에 대해 이야기하는 자리입니다. 따라서 찬성 측은 IT 기술의 발전이 종이책을 전자책으로 대체해야 한다는 당위성과 어떻게 연결되는지 설명해주시기 바랍니다.

논리사슬을 연결하는 암묵적인 고리를 지적하면, 상대측은 당연하다고 여겼던 논리를 입증해야 하는 상황에 당황합니다. 부자연스러운 논리보다 자연스럽고 매끄러운 논리를 입증하는 것이 더 어렵기 때문입니다. 이 지점에서 청중은 IT 기술의 발전이 전자책의 당위성과 연결되는 것은 아님을 받아들이게 됩니다.

책 『토론, 설득의 기술』은 브릿지 전략을 펼 때 상대측에게 '오늘 논제는 무엇입니까?'라고 묻는 빌드업이 유용하다고 말합니다. 논제와 상대측의 주장에 어떤 관련이 있는지, 그 연결성에 대해 질문하는 것입니다. 예를 들면 다음과 같습니다.

논제 특목고를 폐지해야 한다.

찬성 측 특목고는 특정 분야 인재 양성이라는 목적을 달성하지 못하고 있으므로 폐지해야 합니다.

반대 측 오늘 논제가 무엇입니까?

찬성 측 '특목고를 폐지해야 한다.'입니다.

반대 측 맞습니다. 오늘 논제는 특목고 폐지의 당위성에 대한 것입니다. 특목고가 목적을 달성하지 못하고 있다면 개선하면 됩니다. 반드시 폐지라는 극단적인 방법을 써야 하는 이유를 설명해주시기 바랍니다.

찬성 측은 특목고가 목적을 달성하지 못하고 있다고 지적합니다. 이 과정에서 '목적을 달성하지 못하면 폐지해야 한다'고 전제했죠. 반대 측은 "오늘 논제는 무엇입니까?"라고 질문함으로써 상대측이 직접 논제를 이야기하게 합니다. 스스로 논리와 주장의 연결이 빈약함을 드러내게 하여 주장을 통째로 흔들어버리는 것입니다.

그럼 브릿지 전략을 활용한 실전 토론 사례를 보겠습니다.

논제 노인 지하철 무임승차*를 폐지해야 한다.

찬성 측 행정안전부 자료에 따르면 2020년도 서울교통공사의 노인 무임승차 금액은 2643억 원입니다. 2021년도 서울교통공사의 당기순손실이 7907억 원임을 고려할 때, 무임승차제만 폐지해도 삼분의 일이 보전됩니다.

반대 측 말씀하신 금액은 노인들이 무임승차하지 않고 표를 산다면 내야 할 비용으로 환산하신 것인가요?

찬성 측 예.

반대 측 <u>그럼 순손실의 삼분의 일을 보전할 수 있다는 건 무료로 지하철을 이용했던 노인들의 수요가 지하철 유료화 이후에도 그대로 유지된다고 전제했을 때의 이야기가 아닌가요?</u>

찬성 측 …네. 그렇죠….

반대 측 저희는 만약 지하철이 유료화된다면 노인들의 지하철 이용이 크게 감소할 것이라 생각합니다. 따라서 유료화하더라도 수요가 그대로 유지될 것이라는 전제를 입증해주시기 바랍니다.

---

* 65세 이상 노인들이 지하철을 무료로 이용하게 해주는 제도인데요, 지하철 재정이 악화되자 무임수송제도를 조정하자는 의견이 나오기 시작했습니다.

반대 측은 찬성 측이 사용한 통계자료의 암묵적 전제를 포착했습니다. 무임승차 금액을 통해 당기 순손실을 삼분의 일만큼 보전하려면 지하철을 유료화하더라도 수요가 그대로 유지되어야 합니다. 그러나 찬성 측은 전제에 대한 입증 없이 양적 자료를 그대로 활용하여 논의를 전개했습니다.

중요한 사실은 찬성 측이 준비한 '무임승차제 폐지를 통한 재정 부담 감소'라는 근거가 암묵적 전제를 입증하지 못하여 무용지물이 되어버렸다는 것입니다. 반대 측은 양적 통계 자료에 전면 충돌할 필요도 없었습니다. 그저 논리 구조를 살짝 건드림으로써 찬성 측의 강력한 근거를 무너뜨린 것이지요.

다음은 수술실 CCTV 설치 토론에 등장했던 또 다른 브릿지 전략의 예시입니다.

 논제 수술실에 CCTV를 설치해야 한다.*

찬성 측 수술실에 CCTV를 설치하면 직접적인 환부 촬영 없이도 전반적인 수술 상황을 파악할 수 있습니다. 따라서 의사의 의료 과실을 증명하는 자료로 사용할 수 있습니다.

---

* 대리 수술 논란이 사회적 파장을 일으키며, 수술실에 CCTV를 설치하자는 여론이 확산되었어요. 그러나 환부 촬영에 대한 의료계의 반대로 환부보다는 수술실 전경을 비추는 각도로 설치하자고 입법 논의가 이루어졌어요.

반대 측	찬성 측이 주장하는 CCTV는 직접적인 환부가 아니라 수술실 전경을 촬영하는 각도의 CCTV가 맞습니까?
찬성 측	예. 맞습니다.
반대 측	<u>수술실 전경을 촬영하는 CCTV가 의료 과실을 증명한다고 전제하셨는데, 이는 사실과 다릅니다.</u> 의료 과실을 법적으로 증명하는 자료가 되려면 영상 속 행위가 수술 행위임을 입증해야 하는데 전경을 촬영하는 CCTV만으로는 한계가 있습니다. 실제로 광주 서구의 한 병원 수술실에는 CCTV가 있었음에도 환부가 아닌 전경만 촬영하는 바람에 의사의 과실을 증명하기 힘들었습니다.

찬성 측은 수술실 전경을 비추는 CCTV가 의사의 의료 과실을 증명할 수 있다고 전제합니다. 반대 측은 이 전제가 사실과 다름을 제시합니다. 논리와 논리를 잇는 중간 사슬을 공략함으로써, 수술실 CCTV 설치의 주요 근거인 '의료 과실 적발'을 무너뜨린 것입니다.

당연하다 생각했던 전제를 지적하면 상대는 당황하기 마련입니다. 자신들이 제시한 논리에 대해 반론이 들어올 거라 생각했는데, 예상과 달리 스스로도 모르게 전제한 논리들을 증명해야 하는 부담을 떠안게 되기 때문입니다. 또 암묵적 전제를 증명하지 못한다면, 전제로부터 파생되는 논리들을 사용해보지도 못한 채 묻어야 합니다.

상대가 전개하는 논리 사슬의 중간중간에 암묵적인 전제가 깔려 있지는 않은지 유심히 살펴보세요. 만약 상대가 남몰래 사용한 허술한 연결고리가 있다면 브릿지 전략을 통해 쉽게 반론할 수 있으니까요!

10   술꾼이 술을 마시는 이유
: 순환논리 잡아내기

다음은 소설 『어린왕자』에서 어린왕자와 술꾼이 대화를 나누는 장면입니다.

어린왕자   아저씨, 여기서 뭐 하고 계세요?

술꾼   술 마시고 있어….

어린왕자   왜 술을 드세요?

술꾼   잊으려고….

어린왕자   뭘요?

술꾼	부끄럽다는 걸···.
어린왕자	뭐가 부끄러우세요?
술꾼	내가 술을 마신다는 게 부끄러워···.

술꾼은 부끄러움을 잊기 위해 술을 마신다고 답합니다. 그런데 자세히 살펴보면 이상합니다. 아니, 술을 마신다는 게 부끄럽다면서요? '부끄러운 일=술을 마시는 일'이기 때문에, 곧 '술 마신다는 것을 잊기 위해 술을 마신다'는 논리가 되어버리는 것입니다. 즉 술꾼의 논리는 주장(술을 마신다)과 근거(술을 마시기 때문)가 같습니다.

이렇게 주장과 근거가 같은 논리를 순환논리라고 합니다. 술꾼의 논리와 같이 1차원적인 순환논리는 비교적 잘 드러나는 반면, 2~3차적 구조를 가진 순환논리는 파악하기가 쉽지 않습니다. 그렇기에 토론자들은 중간중간 논리의 흐름을 정리하며, 상대측이 순환논리를 펴고 있지는 않은지 주의를 기울여야 합니다.

앞서 보았던 친일 작가의 예시를 통해 이해해보겠습니다.

논제 친일 작가의 문학작품을 교과서에 등재하면 안 된다.

찬성 측	[주장] 친일 작가는 지탄해야 합니다.
	[근거] 작품에 친일 성격이 있기 때문입니다.

반대 측   그럼 친일 성격이 묻지 않은 작품까지 지탄해야 하는 이유는 무엇인
           가요?

찬성 측   친일 작가는 친일 행위만으로 지탄받아 마땅하기 때문입니다. [주장
           =근거. 순환논리 발생.]

　　찬성 측은 친일 작가를 지탄해야 하는 근거로 작품에 묻어 있는 친일적 성격을 제시했습니다. 그러나 친일 작가의 작품들 중에는 친일 성격이 담기지 않은 작품도 있습니다. 반대 측이 이런 작품들까지 지탄해야 하는 이유는 무엇이냐고 묻자 찬성 측은 친일 작가는 그 자체로 지탄해야 마땅하다고 말하고 있죠. 결국 친일 작가를 지탄해야 하는 이유는 친일 작가를 지탄해야 하기 때문이라는 순환논리가 형성된 것입니다.

　　이렇듯 토론들을 관찰하다 보면 자연스럽게 흘러가는 이야기에서도 주장과 근거가 일치하는 경우를 많이 찾아볼 수 있습니다. 만약 순환논리를 포착했다면, 반대 측은 찬성 측이 친일 작가를 지탄해야 할 정당한 이유를 제시하지 못했다고 지적할 수 있습니다. 찬성 측에게 친일 작가의 문학작품을 지탄해야 하는 근본적인 이유를 요구할 수 있죠. 주장과 근거가 동일하다는 사실을 드러냄으로써 상대의 논리 구조가 잘못되었음을 청중에게 알리는 것입니다.

　　순환논리는 언변이 뛰어난 사람들도 자주 하는 실수입니다. 따라서 토론자들은 상대측의 주장과 근거의 큰 흐름을 메모하

고 정리하며 듣는 것이 좋습니다. 직관적으로 드러나지 않는 2~3차 구조의 순환논리를 포착하는 데 도움이 되기 때문입니다. 만약 정리된 내용 중 순환논리가 있다면 토론자들은 그 구조를 드러냄으로써 상대측의 논증이 틀렸음을 증명할 수 있습니다.

토론을 잘하는 방법?

가끔 토론을 잘하는 방법에 대해 물어보는 이들이 있습니다. 그러나 이러한 질문은 '게임 잘하는 법' '옷 잘 입는 법'을 묻는 것과 다를 바 없어서 제게 큰 당혹감을 줍니다.

게임 공략을 말할 때 "어떤 캐릭터를 쓰는데?" 묻거나, 옷에 대해 이야기할 때 "어떤 스타일을 좋아하는데?" 묻는 것처럼 토론도 상황과 때에 따라 써야 하는 전략이 천차만별이기 때문입니다. 그렇기에 '토론'에 대해 방법론적으로 접근하는 시각을 비판하는 이들도 적지 않습니다. 고차원적인 가치에 대해 절대적인 방법을 정하는 것은 불가능하기 때문입니다.

그러나 어느 순간부터 저는 토론을 '고귀한 무언가'로 남겨두는 데 피로감을 느꼈습니다. 방법을 몰라 두려워하며 토론장에 던져지는 학생들을 보고 뭔가 잘못되었다고 느꼈습니다.

이 책 역시 그러한 문제의식에서 시작되었습니다. 발레에 다섯 가지 기초 동작이 있는 것처럼, 토론을 잘하는 방법은 없어도 토론의 기본 방법은 있다고 생각했기 때문입니다.

그래서 저는 누군가가 토론 잘하는 법을 묻는다면, 이렇게 답하고 싶습니다.

토론을 잘하는 방법은 없습니다.

그러나 좋은 토론자가 되기 위한 각자의 길은 존재합니다.

그러므로 다양한 토론 사례를 정리하고 배워두는 것은 큰 의미가 있습니다.

이 글을 읽고 계신 여러분은 좋은 토론자가 되기 위한 길의 초입에 서 있다 생각합니다.

이 책을 통해 여러분 각자에게 주어진 길을 걸어갈 의지를 얻으셨으면 좋겠습니다.

진심으로 소망합니다.

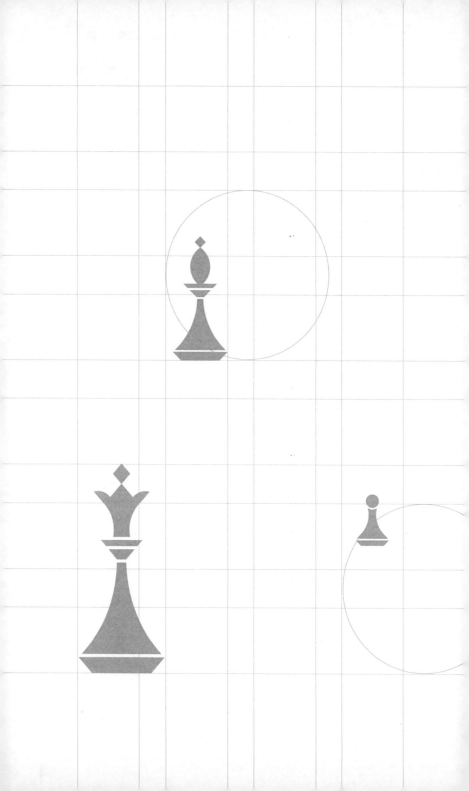

3장

무방비 기물[en prise]

상대 공격에 노출되어
잡히게 된 기물

11. 한끗인데 5억을 태워?
: 근거 없는 주장 지적하기

영화 〈타짜〉에 주인공 고니와 곽철용이 도박을 하는 장면이 나옵니다. 높은 판돈이 오가는 와중에 고니는 5억이라는 큰돈을 배팅하는데요. 결국 곽철용은 고니의 기세에 밀려 다이를 선언하게 됩니다. 이후 곽철용은 분을 참으며 고니의 패를 묻습니다. 그런데 이게 무슨 일일까요?

고니는 낮은 패인 한끗을 가지고 있었습니다. 그럼에도 큰 돈을 배팅하여 마치 높은 패를 가지고 있는 것처럼 행동했죠.

이렇듯 낮은 패를 가지고 있으면서도 높은 패를 가진 것처럼 베팅하는 전략을 '블러핑'이라고 부릅니다. 고니가 한 끗에 5억을 태운 것처럼 말이죠.

토론에도 블러핑이 존재합니다. 바로 근거 없는 주장이죠. 토론자가 고니마냥 당당하게 베팅하면, 청중은 곽철용처럼 반응할 수밖에 없습니다. 근거 없는 주장을 그대로 수용하게 되는 것입니다.

이런 상황에서 상대측 주장에 근거가 없음을 꼬집어내는 것이 '블러핑 잡기'입니다. 특히 주장을 뒷받침하는 자료가 없거나 부족할 때 블러핑 잡기를 쓰면 상대를 그야말로 혼수상태에 빠뜨릴 수 있습니다. 다음 예시를 볼까요?

 교육에선 경쟁보다 협력이 더욱 효율적이다.

반대 측　　경쟁은 다른 제도들보다 학생들의 능력을 잘 이끌어낼 수 있습니다!

반대 측은 경쟁의 장점에 대해 당당하게 이야기하고 있지만, 뒷받침할 만한 근거가 없습니다. 그저 청중의 상식적인 공감대에 기대어 주장하고 있는 것이죠. 자, 그럼 블러핑 잡기를 해볼까요?

반대 측　　경쟁은 다른 제도들보다 학생들의 능력을 잘 이끌어낼 수 있습니다!

찬성 측　　경쟁이 협력보다 학생들의 능력을 잘 이끌어낸다는 근거는 무엇입니까? 협력 교육 체제인 핀란드는 매년 학생들의 행복 지수가 높게 나오고 있습니다.

블러핑 잡기는 반례와 함께할 때 더 효과적입니다. 위의 사례처럼 핀란드의 교육을 반례로 제시하면서, 경쟁이 협력보다 더 좋다는 근거가 뭐냐고 묻는 것입니다.

특히 상대측이 감정에 호소하려 할 때, 블러핑 잡기는 더욱 강력합니다.

 논제 인간은 본성적으로 악하다.

찬성 측   2011년도에 두 살배기 유아가 뺑소니 사고를 당했습니다. 열여덟 명이나 그 자리를 지나갔지만 모두 모른 체했습니다.

찬성 측이 안타까운 사례를 근거로 들며 청중을 설득하고 있네요. 그러나 주장을 자세히 살펴보면 인간은 본성적으로 악하다는 주장에 대한 구체적인 근거가 없음을 알 수 있습니다. 찬성 측이 제시한 사례가 근거로서 성립하려면 행인들의 본성이 악하다는 사실을 증명해야 합니다.

찬성 측   2011년도에 두 살배기 유아가 뺑소니 사고를 당했습니다. 열여덟 명이나 그 자리를 지나갔지만 모두 모른 체했습니다.

반대 측   그 행인들의 본성이 악하다는 근거는 무엇입니까? 사례에 나온 행인들은 사회 관습으로 인해 타락한 것일 수도 있습니다. 찬성 측 발언에는 행인들이 본성적으로 악하다는 근거가 없습니다.

상대가 청중의 눈물을 유도할 때, 블러핑 잡기는 근거가 부족함을 지적함으로써 청중이 현혹되지 않게 해줍니다. 감정적인 호소가 감추어버린 논점의 근본을 바라보고 다시 논제에 이성적으로 접근할 수 있도록 도와주는 것이지요. 따라서 애초에 토론에선 블러핑을 하지 않는 것이 좋습니다. 우리 측 주장에 적합한 근거들을 통해 논리 구조를 탄탄하게 쌓아야지요.

12. 거 실례지만 어데 자룝니까?
: 자료 출처 파고들기

2019년 전 세계에서 주목한 재판이 열렸습니다. 바로 월드 스타 조니 뎁과 앰버 허드의 이혼소송입니다. 두 월드 스타의 이혼소송은 무려 1200억 원 규모였으며 전 세계로 생중계될 만큼 많은 이의 관심을 받았습니다.

재판에서 앰버 허드는 2016년 조니 뎁으로부터 가정 폭력을 당해 얼굴에 멍이 들었고, 이를 화장품으로 가려가며 활동했다고 주장했습니다. 그리고 당시 사용했던 화장품을 증거로 제출했지요. 그러나 이 화장품을 만든 회사에서 재판의 흐름을 뒤집는 영상을 공개합니다. 앰버 허드가 2016년에 썼다고 주장한 화장품은 사실 2017년도에 출시된 제품이라는 내용이었지요. 앰버 허드 측은 자료의 연도가 엉키는 실수 하나로 발언의 신뢰성을 크게 잃게 되었습니다. 그리고 실수는 눈덩이처럼 커져 결국 재판 패소로 이어졌습니다.

토론에서 자료를 활용할 때도 출처와 연도를 철저하게 정리해야 합니다. 그런데 자료의 출처를 밝히기만 하면 되는 걸까요?

자료의 출처와 관련하여 토론자들이 자주 범하는 세 가지 실수를 살펴보겠습니다.

첫 번째, 자료의 출처가 없는 경우

> 주장: 교내 휴대폰 사용을 금지해야 한다.
> 근거: <u>한 연구 자료에 따르면</u> 휴대폰 사용은 학습 집중도를 떨어뜨린다.

먼저 근거의 출처를 제시하지 않는 경우입니다. 앞의 예시는 연구 자료를 근거로 제시하면서 출처를 '한 연구 자료'라는 추상적인 말로 얼버무렸죠. 이 경우 토론자들은 정확한 출처를 질문함으로써 상대측 근거의 결함을 드러낼 수 있습니다.

자료를 사용할 때는 출처와 연도, 인용한 논문의 이름 등을 명확히 정리해두어야 합니다. 추상적인 출처는 자료의 신빙성을 떨어뜨리고 결국 주장의 신뢰성에 대한 의심으로 연결되기 때문입니다.

둘째, 출처가 오래된 경우

> 주장: 청소년 화장을 허용해야 한다.
>
> 근거: <u>2007년도 자료에 따르면</u> 화장 금지에 반대하는 청소년이 많
>   았다.

근거로 제시된 자료는 무려 지금으로부터 16년 전 자료입니다. 우리 측에 유리하다는 이유로 연도를 고려하지 않고 오래된 자료를 사용하는 경우가 있습니다. 이런 상황에서 토론자들은 시대 상황이 변했음을 강조하며 자료의 신뢰성에 의문을 제기할 수 있습니다. "16년 전 자료를 지금도 적용할 수 있는가?"라고 반박하는 것입니다. 토론할 때는 되도록 최신 자료를 사용하는 것이 좋습니다. 자료의 신뢰도가 올라가는 것은 물론, 상대측이 사회적 변화를 활용하여 반박하는 것을 사전에 차단할 수 있기 때문입니다.

그러나 논의가 띄엄띄엄 이루어져 오래된 자료를 사용할 수밖에 없는 논제들이 있습니다. 이런 경우에는 그간 사회적 분위기 변화가 크지 않았음을 제시하며 근거들을 심폐 소생해야 합니다. 위의 사례를 이어가보겠습니다.

주장: 청소년 화장을 허용해야 한다.

근거: 2007년도 자료에 따르면 화장 금지에 반대하는 청소년이 많았다.

→ 반론: 16년 전 자료를 오늘날에 적용할 수는 없다.

⇒ 재반론: 수십 년간 청소년 화장 규제 문제는 제자리걸음을 반복했다. 16년 전과 현재를 비교할 때 청소년 화장과 관련하여 이렇다 할 사회적 분위기 변화가 없었다. 따라서 과거의 자료도 충분히 유효하다.

오래된 자료를 제시해야만 하는 상황이라면, 자료의 가치가 연도를 이유로 부정당하지 않도록 대비해야 합니다. 과거와 지금의 사회적 상황이 다르지 않기에, 오래된 자료도 충분히 가치 있다고 청중을 설득하는 것입니다.

셋째, 출처가 편향적인 경우

2010년 방영된 〈무한도전〉「죄와 벌」편에 출처의 신뢰성을 설명하기 좋은 예시가 나옵니다. 길이 유재석 때문에 오줌싸개로 낙인찍혀 명예가 훼손되었다며 소송을 제기하고 이효리를 증인으로 신청합니다. 이때 유재석 측 장진영 변호사가 이효리를 심문하는데요, '평소 피고 유재석 씨가 아이돌 스타와 증인 이효리 씨를 많이 비교했느냐' 묻습니다. 이에 이효리는 유재석의 비교로 인해 상처를 받아 남몰래 운 적도 있다고 답합니다.

장진영 변호사는 이 말을 듣고 '이효리는 유재석에 대해 객관적인 증언이 불가하며 신빙성이 없다'는 결론을 도출해냈습니다. 증인이 피고에 대해 평소 부정적인 감정을 가지고 있었다는 뜻이기 때문입니다.

토론에서도 특정 이해관계가 반영된 편향적인 근거로 논리를 전개하는 상황이 자주 보입니다. 다음 예시를 보겠습니다.

> 주장: 중소기업 지원을 확대해야 한다.
> 근거: 최근 '중소기업연대'는 중소기업 지원이 경제 활성화에 도움이
>   된다고 밝혔다.

근거로 제시한 자료의 출처가 중소기업과 이해관계를 같이하는 '중소기업연대'입니다. 따라서 토론 상대측은 다음과 같이 근거의 출처를 지적할 수 있습니다.

> 주장: 중소기업 지원을 확대해야 한다.
> 근거: 최근 '중소기업연대'는 중소기업 지원이 경제 활성화에 도움이
>   된다고 밝혔다.
> ⇒ 편향적 출처 지적: 중소기업에 이해관계가 있는 '중소기업연대'
>   의 자료를 근거로 드는 것은 편향적이다.

출처 기관이 논제와 이해관계를 지닌다며 근거 자체에 색깔

을 입혀버리는 것입니다. 이렇게 되면 청중은 근거가 아무리 정확하더라도 의심을 가지고 바라보게 될 것입니다.

한 가지 예시를 더 살펴보겠습니다.

논제 자사고를 폐지해야 한다.

찬성 측 2017년 '사교육 걱정 없는 세상'이 밝힌 바에 따르면, 자사고가 사교육을 조장한다는 사실을 알 수 있습니다. 실제로 입시를 준비하는 중학교 3학년 학생의 43퍼센트가 월평균 100만 원 이상의 사교육비를 지출했습니다.

반대 측 [편향적 출처 지적] 비영리 단체 '사교육 걱정 없는 세상'은 평소 자사고 및 특목고 폐지를 옹호하는 단체입니다. 자료의 출처가 편향적입니다.

(…)

반대 측 '자사고·특목고 학생 연합회'에 따르면 자사고는 설립 취지에 맞게 교육 시스템이 구축되어 지금까지 활용되고 있습니다.

찬성 측 [편향적 출처 지적] '자사고·특목고 학생 연합회'는 자사고와 특목고 재학생들로 구성된 단체입니다. 자료의 출처가 편향적입니다.

찬성 측은 평소 자사고 폐지를 주장했던 '사교육 걱정 없는 세상'의 자료를, 반대 측은 자사고와 이해관계를 가진 '자사고·특목고 학생 연합회'의 자료를 사용했습니다. 두 단체 모두 특정 이익을 추구하거나 관계자가 속한 단체이기에 그 목적에 어울리는 조사만을 발표하는 모습을 보였습니다.

따라서 토론자들은 자료를 수집할 때, 출처 기관의 편향성을 검토해보아야 합니다. 자료의 정확성과 청중에게 신뢰를 줄 수 있는가는 서로 다른 문제입니다. 토론자들은 되도록 공적 기관의 자료를 사용하여 특정 색깔이 입혀지지 않도록 하는 것이 좋습니다.

그럼 자료의 출처를 밝힐 때 주의해야 할 세 가지를 정리해보겠습니다.

첫째, 출처·연도·자료의 이름 등을 명확하게 정리해두자!

둘째, 논제의 사회적 배경 변화를 검토하고 가급적 최신 자료를 사용하자!

셋째, 특수·이익 집단에서 조사한 자료보다는 공적 기관의 자료를 사용하자!

13. 블랙 스완 찾기
: 반례로 입증 부담 파고들기

옛날 사람들은 백조가 흰색이라고 생각했습니다. 그들이 지금까지 봐왔던 백조가 모두 흰색이기 때문이었죠. 우리 집 백조도 흰색, 옆집 백조도 흰색, 여행 가서 본 백조도 흰색. 그러니 사람들은 "모든 백조는 흰색이다."라는 명제가 참이라고 믿었던 것입니다. 그런데 1697년 서호주 스완강에서 검은 백조[black swan]가 발견되었습니다. 사람들이 수십 년간 진실이라 믿었던 명제가 단 한 마리의 검은 백조로 인해 깨져버린 것입니다.

토론에서도 이런 상황이 많이 발생하는데요, 반례 한 개로 상대측의 주장을 깨뜨려버리는 전략을 '블랙 스완 찾기'라고 합니다. 찬성 측은 현재 상태의 문제점과 해결 방안, 그리고 모든 쟁점을 입증해내야 합니다. 반면 반대 측은 이 중 단 한 가지만 반박해도 찬성 측의 주장을 무너뜨릴 수 있습니다. '블랙 스완 찾기'는 이러한 입증 부담의 차이를 이용하는 전략입니다. 반대 측이 찬성 측이 제시한 근거에 대해 반례(블랙 스완)를 제시하고, 찬성 측의 입증 책임을 강조하는 것입니다.

그럼 블랙 스완 찾기가 활용된 예시를 보겠습니다.

 사형 제도를 유지해야 한다.

찬성 측 사형 제도는 범죄자들한테 겁을 줍니다. 실제로 다양한 국가에서 강력범죄 감소효과가 입증되었습니다.

반대 측 [블랙 스완 찾기] 캐나다는 사형 제도를 폐지하고 나서 오히려 강력범죄가 감소했는데요?

반대 측은 캐나다라는 블랙 스완을 통해 찬성 측의 근거를 무너뜨리고 있습니다. 이제 찬성 측에서는 캐나다의 사례가 왜 합리적이지 않은지를 청중에게 설명해야 합니다.

블랙 스완 전략은 상대측이 반례에 대해 별다른 반박을 하지 못했을 때 더욱 큰 효과를 발휘합니다. 찬성 측의 입증 책임을 강조하며 반례에 대해 충분히 설명하지 않았다는 점을 지적할 수 있기 때문입니다. 위의 사례를 이어가보겠습니다.

찬성 측	사형 제도는 범죄자들한테 겁을 줍니다. 실제로 다양한 국가에서 강력범죄 감소효과가 입증되었습니다.
반대 측	캐나다는 사형 제도를 폐지하고 나서 오히려 강력범죄가 감소했는데요?
	(찬성 측이 캐나다에 대한 언급 없이 넘어가려 한다.)
반대 측	[입증 책임 강조] 찬성 측은 캐나다 반례에 대한 반박을 제시하지 않았습니다. 사형제의 범죄율 감소 효과에 대한 입증 책임을 다하지 못한 것입니다.

이제 청중은 찬성 측 주장에 결함이 있음을 인지하게 됩니다. 호주에서 발견된 블랙 스완이 모든 백조는 흰색이라는 명제를 거짓으로 바꾼 것처럼, 캐나다라는 반례 하나로 '사형제는 범죄율을 감소시킨다.'라는 근거가 완전히 무너져버리는 것입니다.

반대 측은 입증 부담이라는 비교 우위를 활용하여 찬성 측의 논리를 공략할 수 있습니다. 세상에 하얀 백조만 있는 게 아니라는 사실을 보여줄 수 있습니다. 무엇으로요? 단 한 마리의 블랙 스완을 통해서죠!

14.　후광 꺼버리기
: 유명인의 말은 다 맞을까?

　　2019년 별안간 '깻잎 논쟁'이 일어났습니다. 이 논쟁은 SBS 예능 〈집사부일체〉에 출연한 가수 노사연, 이무송 부부로부터 시작했는데요, 내용은 이렇습니다. 이무송과 여자 후배가 함께 밥을 먹습니다. 후배가 상에 놓인 깻잎장아찌를 먹으려는데 여러 장이 붙어 좀처럼 떼지지 않습니다. 그러자 이무송이 젓가락질해 도와주는데, 노사연이 이를 보고 불쾌감을 느낀 것입니다. 이 방송 이후 사람들은 '상관없다는 측'과 '용서할 수 없다는 측'으로 나뉘어 갑론을박을 벌였습니다.

　　저는 개인적으로 깻잎을 떼어주어도 상관없다는 입장인데요, 만약 제가 공개적으로 '뭐라 하는 사람들이 예민한 것이다.'라고 단정 짓는다면 사람들은 어떻게 반응할까요? 아마 힐끗 보고 "쟤는 또 뭐야?" 하고는 계속 논쟁을 이어갈 것입니다.

그런데 똑같은 말을 빌 게이츠가 하면 어떨까요? 빌 게이츠는 소프트웨어 전문가지 깻잎 전문가가 아닙니다. 똑같이 무시해야 마땅하겠지요. 그런데 놀랍게도 실제로는 많은 사람이 빌 게이츠의 주장을 조금 더 주의 깊게 듣거나 아예 믿어버릴 수도 있습니다. 단지 그가 유명하다는 이유만으로요!

토론에서는 전문가와 유명인 들의 말이 인용될 때가 있는데요, 문제는 말한 사람이 유명인이라는 이유만으로 하나의 견해 정도로 볼 수 있는 이야기가 근거처럼 사용된다는 것입니다. 왜 이런 문제가 발생할까요? 사람은 무언가를 판단할 때 부분적인 속성에서 받은 인상을 전체적인 평가로 확장하는 경향이 있기 때문입니다. 이런 현상을 심리학에서는 '후광효과'라고 부릅니다. 예를 들어 우리는 비싼 음식이 더 맛있다고 느낍니다. 실제로는 맛이 떨어져도 '가격'이라는 부분적 특성이 '음식'이라는 전체를 평가하는 데 큰 영향을 미치는 것입니다. 이런 원리로 후광효과는 토론 자리에서 '객관적인 자료가 없어도 유명인이 발언한 내용은 곧 진리일 것'이라는 확장된 믿음을 더해줍니다.

토론에서 후광효과가 작용한 예시를 하나 보겠습니다.

로봇세를 도입해야 한다.

찬성 측 | 빌 게이츠가 미래 사회의 빈부격차를 없애기 위해선 로봇세를 도입해야 한다고 말했습니다. 따라서 로봇세를 도입하는 것이 합리적입니다.

    찬성 측은 로봇세에 찬성하는 이유로 빌 게이츠의 발언을 인용하고 있습니다. 그러나 빌 게이츠의 말은 하나의 견해일 뿐이지 근거가 될 수 없습니다. 따라서 찬성 측은 '빌 게이츠'에 집중하기보다 그가 '왜 로봇세를 도입하자고 했는지'에 초점을 맞춰야 합니다. 빌 게이츠가 로봇세에 찬성하는 이유인 '빈부격차 해소 기능'을 집중적으로 설명해줘야 더 바람직하다는 것입니다.

    후광효과로 인한 오류들은 철학적 내용이 등장하는 가치논제에서 많이 보이는데요, 예시를 보겠습니다.

 인간은 선하다.

반대 측 | 옛날 그 유명한 맹자가 인간이 선하다고 했습니다!

찬성 측 | 옛날 그 유명한 순자는 인간이 악하다고 했는데요?

---

* 로봇을 통해 이익을 얻는 기업에 부과하는 세금이에요. 미래 사회 빈부격차를 줄이기 위해 거대 테크 기업에 로봇세를 부과해야 한다는 논의가 있어요.

맹자와 순자의 말은 하나의 견해일 뿐이지 인간 본성의 선악을 판단할 만한 근거가 되지는 못합니다. 과거에는 담배 광고에 의사들이 등장하기도 했습니다. 그중 한 광고는 특히 경악스러운데요, 한 어린이가 의사에게 말합니다. "선생님! 저는 백 살까지 살 거예요!" 그러자 의사는 대답하지요. "그러니? 그렇다면 담배를 피우렴!"

오늘날 우리는 담배가 몸에 해롭다는 사실을 잘 알고 있습니다. 만약 옛 철학자들의 견해만으로 사실 여부를 판단한다면, 의사가 나오는 담배 광고를 보고 흡연이 몸에 좋다고 믿어버리는 것과 다를 바 없습니다. 따라서 토론자들은 철학자들의 주장 자체보다는 철학자들이 왜 그렇게 말했는지에 집중해야 합니다. 맹자가 왜 인간이 선하다고 생각했는지, 순자는 왜 인간이 악하다고 생각했는지 설명함으로써 청중을 설득하는 것입니다.

이렇게 토론에서는 유명인의 말 그 자체를 근거로 삼기보다 유명인이 왜 그런 말을 했는지 설명해주는 것이 좋습니다. 유명인들을 비추는 후광을 잠시 *끄고* 그들의 말속에 숨어 있는 보석을 발견하여 풀어내는 편이 청중을 더욱 잘 설득할 수 있기 때문입니다.

15. 하나를 보면 열을 안다?
: 성급한 일반화의 오류

제임스가 난생처음 달걀 요리에 도전합니다. 그런데 처음으로 깬 달걀에 노른자가 두 개 들어 있었습니다! 제임스는 다음 날에도 달걀 프라이를 만들었습니다. 그런데 웬걸? 제임스는 운이 좋네요. 이번에도 쌍란이었습니다. 제임스는 어제와 오늘의 경험을 토대로 모든 달걀에는 노른자가 두 개씩 들어 있다고 결론 내렸습니다.

어느 날 철수네 집에 놀러 간 제임스는 철수가 만든 달걀 프라이를 보고 깜짝 놀랐습니다. 노른자가 하나밖에 없었던 것입니다. 제임스는 철수에게 말했습니다.

"철수야. 네가 산 달걀 있잖아, 불량품인 것 같아."

이렇듯 특수한 상황을 전체로 확장하여 발생하는 오류를 '일반화의 오류'라고 합니다. 일반화의 오류는 일부 현상을 성급하게 전체로 규정하면서 발생합니다. 따라서 토론자들은 상대가 부분의 특성만 활용해 자기 입맛에 맞는 결론을 내리지는 않는지 유심히 지켜보아야 합니다.

성급한 일반화의 오류가 나타난 사례를 살펴보겠습니다.

 소년법*을 폐지해야 한다.

찬성 측　소년범의 강력 범죄 소식을 접한 적이 있을 겁니다. 소년범들은 날이 갈수록 잔인해지고 있습니다. 소년법은 잔인한 범죄자들을 보호해주는 법률입니다.

반대 측　<u>찬성 측은 모든 소년범을 강력범으로 생각하는데, 이는 일부를 바탕으로 일반화의 오류를 범한 것입니다.</u> 국회입법조사처에 따르면 전체 소년범죄 중 강력 범죄는 5.3퍼센트에 불과했습니다. 소년법을 폐지하면 경범을 저지른 소년들조차 교화의 여지 없이 중형을 받게 됩니다.

---

*　청소년이 죄를 지었을 때 적용하는 법입니다. 보호처분을 원칙으로 하고, 형사처분해야 할 경우에도 여러 가지 특별한 규칙을 적용하여 청소년이 건전하게 자랄 수 있도록 합니다.

찬성 측은 몇 가지 극단적인 사례를 통해 모든 소년범을 강력범으로 일반화했습니다. 자세히 살펴보면, 소년범의 강력 범죄 소식을 '접한 적 있다'는 말이 소년범이 날이 갈수록 잔인해지고 있다는 주장으로 확대되고, 결국에는 '소년법은 잔인한 범죄자를 보호하는 법률'이라고 단정지어버립니다. 반대 측은 성급한 일반화의 오류를 포착하고 모든 소년범이 강력범은 아니라고 반론하고 있습니다.

'일부가 이러하므로 그들이 속한 집단도 이러할 것'이라는 식의 논리는 토론에서 지양해야 합니다. 반례 몇 개만으로도 격파당하기 때문입니다. 특히 주장에 활용하려는 부분이 매우 특수한 경우이면서 파급력도 작다면 상대측에게 먹잇감을 던져주는 것과 같습니다. 따라서 우리는 일반화하기 전에 집단 구성원에게 보편적으로 적용할 수 있는 특징인지를 검토해야 합니다. 또한 표본의 크기가 작다면, 집단에 미치는 파급력의 크기도 고려해야 합니다.

그렇다면 성급한 일반화의 오류는 어떻게 극복해야 할까요? 자료를 표현하는 방식을 바꾸어 극복할 수 있습니다. '일부가 이러하므로 그들이 속한 집단도 이러할 것'이 아니라 '어떤 이들이 이러하므로 그들이 속한 집단에 영향을 미칠 것'이라고 바꾸어 표현하는 것입니다. 일반화하지 않고 다만 '영향력'을 강조하는 거지요.

그럼 앞선 소년법 폐지의 예시에서 찬성 측 발언을 수정해보겠습니다.

[기존 발언]   소년범의 강력 범죄 소식을 접한 적이 있을 겁니다. 소년범들은 날
           이 갈수록 잔인해지고 있습니다. 소년법은 잔인한 범죄자들을 보호
           해주는 법률입니다.

[수정 발언]   소년범의 강력 범죄 소식을 접한 적이 있을 겁니다. 강력 범죄를 일
           으킨 소년범들을 엄히 처벌하지 않는다면 청소년들에게 어떤 영향
           을 미칠까요? 아마 범죄를 저질러도 보호받을 수 있다는 인식이 형
           성될 것입니다.

기존 발언에서 찬성 측은 일부 소년 강력범 사례를 가지고
소년범은 모두 강력범이라는 식으로 일반화했습니다. 수정된
발언에서는 '소년법은 강력범죄자를 보호하는 법률'이라는 기
존의 주장을 그대로 가져가되 일반화하지 않습니다. 대신 강
력범을 처벌하지 않는 소년법이 청소년층 전체에 미칠 영향을
강조함으로써 반론 가능성을 사전에 차단한 것입니다.

충분히 검토하지 않고 부분적 특성을 전체로 확장하면 안
됩니다. 부분이 가진 파급력에 집중하여 논리를 전개하되 일
반화의 오류를 저지르지 않도록 주의를 기울여야 합니다.

16.   내로남불 포착하기
: 이중 잣대 반박법

'내로남불'이란 신조어가 유행했던 적이 있습니다. '내가 하면 로맨스, 남이 하면 불륜'의 줄임말로 이중 잣대를 가진 상대를 비판할 때 쓰는 말입니다. 계속 말꼬리를 잡는 토론 상대에게서 이중 잣대를 자주 볼 수 있는데요, 계속해서 트집을 잡다 보니 정작 자신의 결점까지 지적하게 되는 것입니다. 이럴 때 우리는 말할 수 있습니다.

"너희는 되는데 우리는 안 된다는 이유가 뭐냐?"

예를 들면 다음과 같습니다.

찬성 측	2010년도 자료에 따르면….
반대 측	10년도 더 지난 자료의 내용을 지금 상황에 적용할 수 있을까요?
	(…)
반대 측	2009년 자료에 따르면….
찬성 측	앞서 2010년 자료를 오래됐다고 비판하셨는데, 반대 측에선 2009년도 자료를 제시하셨네요. 더 오래된 자료는 괜찮다는 겁니까?

　반대 측이 찬성 측 자료가 오래되었다고 비판해놓고 그보다 더 오래된 자료를 근거로 삼는 '내로남불'을 저질렀네요. 찬성 측은 이 점을 포착하여 지적하고 있습니다. 이제 청중은 반대 측이 제시한 자료보다 반대 측이 이중 잣대를 적용하고 있다는 사실에 더 집중하게 될 것입니다. 자료의 내용과는 무관하게 반대 측에 대해 부정적인 인상을 갖게 되는 것입니다.

　내로남불은 문화적 차이를 근거로 외국 사례를 반박할 때도 종종 발견됩니다. 다음 예시를 보겠습니다.

찬성 측	미국 사례를 보면….
반대 측	우리나라와 문화적 차이가 큰 미국의 사례를 그대로 적용할 수 있을까요? 또 우리나라가 타국의 선례를 굳이 따라갈 필요가 있을까요?
	(…)
반대 측	그리스의 사례를 보면….

찬성 측 앞서 저희가 제시한 미국의 사례는 문화적 차이로 적용하기 어렵다고 비판하셨습니다. 그러나 반대 측에선 그리스 사례를 통해 논증하고 계십니다. 반대 측이 제시한 그리스의 사례는 적절하고 저희 측이 제시한 미국의 사례는 적절하지 않다고 생각하시는 이유가 무엇입니까?

반대 측은 미국의 사례를 우리나라에 그대로 적용하기 힘들다고 반박했습니다. 그러나 토론이 진행되자 자신들도 그리스의 사례를 근거로 들고 있네요. 이런 상황에서 반대 측은 둘 중 한 가지를 선택해야 합니다. 그리스는 미국과는 달리 우리나라와 문화적 차이가 크지 않다고 증명하거나, 앞서 반박했던 찬성 측의 사례를 인정해주거나. 하지만 어떤 선택을 하든 반대 측은 논리의 일관성에 큰 타격을 입게 됩니다.

상대측의 내로남불을 드러내면 상대의 선택과 무관하게 토론의 흐름을 우리 측으로 끌어올 수 있습니다. 이중 잣대가 수면 위로 올라오는 순간, 청중은 자료의 가치보다 이중 잣대를 들이댔다는 사실 그 자체에 더 집중하기 때문입니다. 이중 잣대의 위험성이 바로 여기에 있습니다. 상대에게 가했던 비판이 스스로에게 돌아올 때 아픔은 배가 되며 회복하기가 쉽지 않습니다. 따라서 토론자들은 상대측의 내로남불을 찾는 것과 동시에, 우리 측이 이중 잣대를 적용하고 있지는 않은지 항상 경계해야 합니다. 아무리 강력한 자료라도, 이중 잣대 앞에서는 신뢰성을 잃기 때문입니다.

17. 설탕은 네모나다?
: 분할의 오류

　과학 시간, 영희가 각설탕을 주제로 발표하고 있습니다. 한 번 들어볼까요?

　"여러분, 설탕 알갱이가 동그랗다고 생각하셨죠? 하지만 그렇지 않아요. 각설탕은 네모나잖아요. 그러니까 각설탕을 구성하는 설탕 알갱이도 네모난 겁니다!"

　영희는 각설탕의 특성을 가지고, 설탕 알갱이의 특성을 추론했습니다. 이처럼 전체가 갖는 속성이 그 전체를 이루는 구성원의 속성이 된다고 추론하는 것을 '분할의 오류'라고 합니다.

분할의 오류는 큰 집단을 바탕으로 그 집단을 구성하는 부분의 특성을 추론할 때 발생합니다. 특히 성별이나 나이처럼 큼직한 기준으로 집단을 구분한 자료를 사용할 때 자주 나타나지요. 다음 예시를 보며 이해해보겠습니다.

 노인복지를 확대해야 한다.

반대 측   IMF에 따르면 2021년 기준 우리나라의 경제력은 세계 10위 수준입니다. 우리나라 국민들이 이렇게 잘사는데 복지를 확대할 필요가 있을까요?

반대 측은 GDP를 근거로 우리 국민들이 잘살고 있다고 주장합니다. 그러나 국가 전체의 경제력이 높다는 사실이 모든 국민이 잘산다는 결론으로 이어질 수는 없습니다. GDP는 단순히 국가의 모든 부를 합산한 총량으로, 부의 분배 상황과는 무관합니다. 국민이 열 명인 나라가 있다고 가정해봅시다. 그 중 한 명이 엄청나게 부유하다면, 나머지 아홉 명이 찢어지게 가난하다 해도 그 국가의 경제력은 높게 측정됩니다. 따라서 찬성 측은 반대 측이 전체의 특성을 부분의 특성에 그대로 적용하는 분할의 오류를 범했다는 사실을 지적해야 합니다. 위의 예시를 이어가보겠습니다.

반대 측	IMF에 따르면 2021년 기준 우리나라의 경제력은 세계 10위 수준입니다. 우리나라 국민들이 이렇게 잘사는데 복지를 확대할 필요가 있을까요?
찬성 측	국가가 부유하다고 해서 국민 개개인이 부유한 것은 아닙니다. 실제로 2021년도 OECD 자료에 따르면 한국의 상대적 빈곤율은 37개국 중 4등이었습니다. 반대 측은 전체 집단의 특성을 바탕으로 부분 집단의 특성을 추론하는 분할의 오류를 범했습니다.

분할의 오류를 지적하면 상대측은 전체 집단의 보편적 특징을 섣불리 개별 요소에 적용할 수 없습니다. 따라서 우리는 전체 집단을 바탕으로 소집단의 특징을 유추하기보다는 소집단을 개별적으로 검토하는 것이 더 합리적이라고 주장해야 합니다. 우리나라가 부유하기에 국민들도 모두 잘살 것이라고 추론하기보다는, 노인복지의 대상인 노인들의 경제력을 개별적으로 검토해야 하는 것입니다.

분할의 오류는 반이나 부서처럼 인원이 적은 집단이 토론하는 상황에서 자주 발생합니다. 다음 예시를 보겠습니다.

논제 우리 반 소풍 장소는 어디로 하지?

철수	한 설문조사를 보니 중학생 대부분이 박물관보다는 놀이공원을 좋아한대. 그러니 놀이공원으로 결정하자.
반 친구들	(우린 박물관이 좋은데…)

철수는 대부분의 중학생이 놀이공원을 좋아한다는 설문조사 결과를 자기 반에 그대로 적용하고 있습니다. 그러나 반 친구들 생각은 다른 것 같네요. 소집단을 대상으로 한 토론에서는 보편적 특징보다는 집단 구성원 각각에 초점을 맞추는 것이 좋습니다.

사람들은 부분이 전체의 특징을 상속받는다고 생각하는 경향이 있는 만큼, 분할의 오류를 포착하기란 쉽지 않습니다. 따라서 토론자들은 상대가 사용하는 표본의 크기에 집중하며, 혹여나 전체의 특징을 부분 집단에 맹목적으로 적용해버리지는 않는지 주시해야 합니다.

18. 증가야? 감소야?
: 비교/비율의 함정

토론하다 보면 자료의 증감을 자주 논하게 됩니다. 범죄율의 증감, 부채의 증감 등이 대표적인 예지요. 이 과정에서 토론자들은 기준점이나 퍼센트를 활용해 객관적인 사실을 왜곡하고는 합니다. 따라서 자료의 추세를 파악할 때는 상대측이 자신들에게 유리한 기준이나 사실만을 편향적으로 사용하지는 않는지 검토해야 합니다.

A와 B가 '촉법소년 연령 인하'를 주제로 토론하고 있습니다. 둘의 주장을 통해 자료의 추세를 주장할 때 빠지기 쉬운 두 가지 함정에 대해 이야기해보겠습니다.

〈2012~2019년간 보호소년 연령별 비교표〉

연도	2012	2013	2014	2015	2016	2017	2018	2019
소년 범죄수	5071 (14)	4334 (13.6)	2894 (11.4)	3016 (11.6)	2858 (12.2)	3365 (13.8)	3483 (14.2)	3827 (15.9)

출처: 2020 사법연감 5장 7항
■ 괄호 안의 숫자는 전체 소년범죄 중 촉법소년 범죄의 비중을 나타냄

A 촉법소년 범죄는 2012년 5071건에서 2019년 3827건으로 감소했어! 촉법소년 범죄가 심각해지고 있는 거 맞아?

B 전체 소년범죄 중 촉법소년 범죄의 비율은 2015년 11.6퍼센트에서 2016년 12.2퍼센트로 증가하고 있어!

1. A는 비교 기준점의 함정에 빠졌다.

철수와 영희가 축구에 대해 대화하고 있습니다.

철수   요새 우리나라 축구 진짜 못하는 것 같아. 2002년도에는 월드컵 4강까지 갔었는데 요새는 16강도 힘들잖아.

영희   16강이 말처럼 쉽니? 예전 스위스 월드컵 때는 한 골도 못 넣고 예선 탈락했어. 그때에 비하면 우리나라 축구는 엄청 발전한 거야.

철수와 영희는 한국 축구에 대해 서로 다른 의견을 가지고 있습니다. 각자 판단 기준이 다르기 때문입니다. 철수는

2002년 한일월드컵의 4강 신화를 기준으로, 영희는 우리나라가 처음으로 참여한 1954년 월드컵을 기준으로 삼았기에 같은 한국 축구인데도 견해가 달라진 거죠.

증감에 대한 판단은 '무엇을 기준으로 삼느냐'가 중요합니다. 같은 수치라도 기준점을 어디로 잡느냐에 따라 결과가 달라지기 때문입니다. 다시 A의 말로 돌아가보겠습니다.

A 촉법소년 범죄는 2012년 5071건에서 2019년 3827건으로 감소했어! 촉법소년 범죄가 심각해지고 있는 거 맞아?

A는 바로 이 점을 활용하여 자료를 편향적으로 해석했습니다. 촉법소년 범죄 수가 최정점을 찍었던 2012년을 기준으로 잡고, 촉법소년 범죄가 떨어지고 있다고 주장한 것입니다.

따라서 상대측이 자료에 나타난 수치의 증감을 근거로 사용

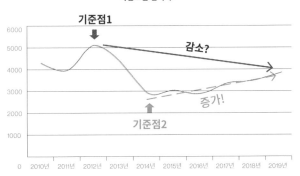

할 때는 그 기준점을 무엇으로 삼았는지를 파악해야 합니다. 만약 상대측이 전체적인 추세에서 벗어나는 예외적인 사례를 기준점으로 잡았다면 자료의 증감이 왜곡될 수 있기 때문입니다. 따라서 어떤 현상의 증감을 파악할 때는 특정 두 지점보다 전체적인 추세를 활용하는 것이 좋습니다. 그럼 기준점의 특징을 활용하여 A의 주장에 반론해보겠습니다.

A
촉법소년 범죄는 2012년 5071건에서 2019년 3827건으로 감소했어! 촉법소년 범죄가 심각해지고 있는 거 맞아?

B
[반론] 기준으로 삼은 2012년도는 촉법소년 범죄가 가장 많았을 때잖아. 전체적인 추세로 봤을 때 촉법소년 범죄는 2014년부터 지속적으로 증가하고 있어.

비교의 함정 앞에서 해야 할 두 가지를 정리해보겠습니다.

1. 비교의 기준점이 특수한 케이스인지 검토한다.
2. 특정한 시점보다는 전체적인 추세로 증감을 파악한다.

2. B는 비율의 함정에 빠졌다.

특정 사건을 분석할 때, 우리는 비율을 사용합니다. 비율은 [(특정 사건의 수/전체 사건의 수)×100]으로 계산합니다. 예를 들어 우리나라 노인의 비율은 [(노인 인구/전체 인구)×100]으로 구할 수 있습니다.

문제는 '두 가지 이상의 다른 상황을 비율로 비교할 때'입니다. 비율을 활용한 비교가 타당하려면 두 자료의 표본 크기와 성격이 비슷해야 합니다. 그런데 토론자들이 표본에 대한 검토 없이 자신에게 유리한 비율만을 사용하는 경우를 종종 볼 수 있습니다. B의 경우가 대표적인 사례입니다.

B
전체 소년범죄 중 촉법소년 범죄의 비율은 2015년 11.6퍼센트에서 2016년 12.2퍼센트로 증가하고 있어!

실제로 전체 소년범죄 중 촉법소년 범죄 비율은 2015년도와 2016년도에 각각 11.6퍼센트와 12.2퍼센트입니다. 그러나 실제 촉법소년 범죄 수를 바라보면 2015년은 3016건, 2016년은 2858건으로 오히려 감소하는 양상을 볼 수 있습니다. 이렇게 비율의 차이가 나는 이유는 기준이 되는 각 연도의 소년범죄 수가 다르기 때문입니다.

1차와 2차 연도의 촉법소년 범죄가 각각 5건, 3건이었고, 촉법소년에 해당하지 않는 미성년자의 범죄는 각각 5건, 0건이라고 가정해봅시다. 촉법소년 범죄는 1차 연도 5건, 2차 연도 3건으로 감소했습니다. 그런데 전체 소년범죄에서 촉법소년 범죄가 차지하는 비율로 바라보면 추세는 완전히 달라집니다.

1차 연도 전체 소년범죄 중 촉법소년 범죄의 비율은 50퍼센트입니다. 그러나 2차 연도에서는 100퍼센트가 됩니다. 50퍼

	1차 연도	2차 연도
촉법소년 범죄 (만 10~14세 미만)	5건	3건
비촉법소년 범죄 (만 14~18세 미만)	5건	0건
전체 소년범죄 수	10건	3건
촉법소년 범죄 비율	촉법소년범(5건)/ 전체소년범(10건)×100=**50%**	촉법소년범(3건)/ 전체소년범(3건)*100=**100%**

센트에서 100퍼센트로, 감소하는 수가 비율 렌즈로 바라보는 순간 두 배가량 증가하는 것처럼 보이게 됩니다.

이렇게 증감이 왜곡된 이유는 분모로 들어가는 전체 사건의 수가 동일하지 않기 때문입니다. 1차 연도에서 50퍼센트는 전체 사건 수 10건의 50퍼센트인 5건을 의미합니다. 2차 연도의 50퍼센트는 전체 사건이 3건이기에 1.5건이 됩니다. 이렇듯 1차 연도와 2차 연도의 비율은 서로 다른 기준점을 바탕으로 파악되었기에 의미도 달라집니다.

따라서 비율을 통해 증감을 이야기하려면, 우선 분모에 들

어가는 전체 사건이 동일한지를 판단해야 합니다. 그럼 이 점을 활용하여 B의 표현법에 대해 반론해보겠습니다.

B 전체 소년범죄 중 촉법소년 범죄의 비율은 2015년 11.6퍼센트에서 2016년 12.2퍼센트로 증가하고 있어!

A [반론] 비율은 해당 연도 전체 소년범죄 중 그해의 촉법소년 범죄가 차지하는 비중을 이야기하는 것이지, 촉법소년 범죄 자체의 증감을 표현하는 자료가 아니야. 2015년도 전체 소년범죄 수와 2016년도 전체 소년범죄 수가 다르기 때문에 비율로는 증감을 판단할 수 없어.

그럼 비율의 함정을 만났을 때 우리가 해야 할 일을 정리해보겠습니다.

비율의 기준이 되는 전체 사건의 크기가 같거나 비슷한지 파악할 것. 그렇지 않다면, 비율은 자료의 증감을 파악하는 증거가 되지 못한다!

이처럼 토론에서는 어떤 기준으로 자료를 바라보느냐에 따라 자료에 다른 색깔을 입힐 수 있습니다. 따라서 토론자들은 우리 측 자료를 어떤 기준점으로 바라보고 청중에게 전달할 것인지 고민하고, 상대측이 색안경을 끼고 자료를 편향적으로 해석하지는 않았는지 검토해야만 합니다. 만약 상대측이 비율을 통하여 자료를 해석하고 있다면 기반이 되는 모집단이 서로 동일한지 확인해야 합니다.

19. 원 플러스 원
: 복합질문의 오류

철수는 숙제를 해 오지 않는다는 이유로 선생님께 혼이 났습니다. 그럼에도 철수는 계속 자신의 길을 걸었죠. 결국 선생님은 어머니와 상담을 진행했습니다. 상담을 마치고 온 어머니는 사랑의 매를 들고 철수를 안방으로 불렀지요.

어머니   앞으로 숙제 열심히 할 거야?

철수   예….

어머니   지금까진 열심히 하지 않았다는 거네?

철수	아, 아뇨. 그렇다기보다는….
어머니	그럼 앞으로도 지금처럼 하겠다는 거야?
철수	아뇨. 더 열심히 할게요.
어머니	얘 봐라? 열심히 할 수 있는데 지금까진 안 했다는 거잖아?
철수	흑흑….

어머니는 철수가 어떻게 대답하더라도 곤란해지고 마는 질문을 던지고 있습니다. "앞으로 숙제 열심히 할 거야?"는 '지금까지는 숙제를 열심히 안 했다.'라는 전제와 '미래에는 숙제를 열심히 할 것이다.'라는 약속이 결합된 복합적인 질문입니다. 따라서 어머니는 철수가 "예."라고 대답한다면 지금까진 숙제를 열심히 안 했냐고, "아니오."라고 대답한다면 앞으로도 숙제를 열심히 안 할 것이냐고 나무랄 것입니다. 이렇게 두 개 이상의 명제를 포함한 복합적인 질문을 하고 상대방이 무슨 대답을 하더라도 자신에게 유리하게 해석하는 것을 '복합질문의 오류'라고 이야기합니다.

실전 토론에서도 이렇게 교묘한 질문이 등장하는데요, 예를 들어보겠습니다.

청소년의 화장을 허용해야 한다.

반대 측 청소년들의 피부에 좋지 않은 화장을 청소년 자율권을 위해 허용해야 한다고 생각하시는 거죠?

찬성 측 예. 맞습니다.

반대 측 그럼 화장이 청소년들의 피부에 좋지 않다고 인정하셨네요.

 반대 측의 질문에는 '화장은 청소년 피부에 좋지 않다.'라는 명제와 '청소년 자율권을 위해 화장을 허용해야 한다.'라는 명제가 결합되어 있습니다. 반대 측은 찬성 측이 "예."라고 대답한다면 '화장이 청소년 피부에 좋지 않다'는 명제를 인정했다고 할 것이고, "아니오."라고 대답한다면 '청소년 자율권을 위해 화장을 허용해야 한다'는 명제를 부정했다고 말할 것입니다. 찬성 측이 어떤 대답을 하더라도 반대 측에 유리한 방향으로 해석할 수 있는 것이죠.

 그럼 상대측의 복합 질문을 어떻게 극복해야 할까요? 우선 결합되어 있는 두 명제를 나누어야 합니다. 두 명제를 각각 질문해달라고 요구하거나, 주어를 분명히 말하여 우리의 대답이 뜻하는 바를 명확히 하는 것입니다. 위의 예시를 이어가보겠습니다.

반대 측 청소년들의 피부에 좋지 않은 화장을 청소년 자율권을 위해 허용해야 한다고 생각하시는 거죠?

극복 방법 1. 명제 나누기

반대 측　　천연 화장품도 있기 때문에 화장이 청소년들의 피부에 좋지 않다는 말씀에는 동의하지 않습니다. 청소년들의 자율권을 위해 화장을 허용해야 한다는 입장은 맞습니다.

극복 방법 2. 명확히 대답하기

찬성 측　　예. 화장 금지가 청소년 자율권을 침해한다고 생각합니다.

　첫 번째 극복 방법에서 찬성 측은 두 가지 명제를 나누어 각각 대답합니다. 이제 반대 측은 찬성 측의 답변을 자기들에게 유리한 쪽으로 해석할 수 없습니다. 두 번째 극복 방법에서는 자신들이 동의하는 부분을 명확히 함으로써 상대가 유도한 복합 질문에서 빠져나가고 있습니다. 상대측이 복합 질문으로 함정을 유도할 때에는 우리가 동의하는 범위를 명확히 설정함으로써 상대방이 우리 측 대답을 유리하게 해석하지 못하도록 사전에 차단해야 합니다.

20. 짜장, 짬뽕, 볶음밥
: 흑백논리

동욱이와 민서가 중국집에서 메뉴를 고르고 있습니다.

민서　　나는 짜장면 먹을 건데 너는 뭐 먹을래?

동욱　　짜장은 안 끌리는데….

민서　　그래? 사장님! 여기 짜장 하나 짬뽕 하나요!

동욱　　뭐 하는 거야? 나 볶음밥 먹을 건데!!!

민서　　뭐라고? 중국집 오면 당연히 짜장 아니면 짬뽕 아니야?

동욱　　어휴… 이래서 내가 너한테 주문을 안 맡기는 거야!

민서는 중국집에 오면 짜장과 짬뽕 중 하나를 먹어야 한다고 생각했지만, 중국집에는 볶음밥, 잡채밥, 울면, 중국냉면 등 다양한 선택지가 있습니다. 이렇게 어떠한 상황을 이분법적으로 나누어 생각하는 것을 '흑백논리'라고 말합니다.

흑백논리 그 자체가 논리적 오류인 것은 아닙니다. '참과 거짓'같이 합리적인 기준이 주어진다면 이분법적으로 바라보더라도 크게 문제되지 않습니다. 그러나 토론에서는 불분명하거나 받아들이기 어려운 기준으로 흑백논리가 활용되는 모습을 종종 볼 수 있습니다.

그럼 실전 토론 예시를 통해 흑백논리에 반박하는 방법을 알아보겠습니다.

논제 북극 지역의 자원 개발을 허용해야 한다.

찬성 측 북극 지역의 자원을 개발하면 현재의 자원 고갈 상태를 크게 개선할 수 있습니다. 그래도 북극 지역 자원 개발에 반대하십니까?

반대 측 네. 반대합니다.

찬성 측 반대 측은 자원 고갈 문제를 해결할 의지가 없군요.

북극 지역 자원 개발에 동의하지 않는다고 말했을 뿐인데, 찬성 측은 반대 측이 '자원 고갈 문제를 해결할 의지'가 없다고 판단해버렸습니다. 즉 논제에 대한 찬성 여부를 기준으로 이분법적으로 판단한 것입니다. 그러나 북극 지역 자원 개발에 반대한다는 게 자원 고갈을 해결할 의지가 없다는 뜻은 아닙니다. 대체 에너지 개발 등 자원 고갈 문제를 해결하는 다른 방법이 있으니까요. 이럴 때 반대 측은 상대가 제시한 기준이 잘못되었음을 드러내며 흑백논리를 반박할 수 있습니다. 예시를 이어가보겠습니다.

찬성 측   반대 측은 자원 고갈 문제를 해결할 의지가 없군요.

반대 측   이번 논제에 대한 찬성 여부가 자원 고갈 문제에 대한 해결 의지를 판단하는 기준이 될 수는 없지요. 자원 고갈은 분명 해결해야 할 문제입니다. 그러나 그 방식이 북극 지역 개발이 되어서는 안 된다고 생각합니다.

반대 측은 상대의 기준과 이분법적인 시각이 잘못되었음을 지적합니다. 이로써 청중은 흑백논리에서 벗어나 양측이 무엇에 찬성하고 반대하는지를 분명히 이해하게 됩니다.

잘못된 기준으로 흑백논리를 펴는 상대가 있다면 이렇게 외쳐봅시다.

"야, 중국집에 짜장, 짬뽕만 있는 줄 아냐? 볶음밥도 있어!"

21. 나비효과
: 양과 중요성은 비례하지 않는다

1961년, 기상학자 로렌츠는 컴퓨터로 기상 변화를 예측하다가 흥미로운 사실을 발견합니다. 초깃값 0.506127에서 소수점 네 번째 자리 이하를 생략한 0.506을 입력했더니 완전히 다른 기후 패턴 결과가 나타났던 것입니다.

이를 바탕으로 그는 미국과학진흥협회에서 '브라질에서 나비가 날갯짓하면 텍사스에서 토네이도가 일어날까?'라는 강연을 열게 됩니다. 이것이 바로 아주 작은 행위가 큰 파급효과를 가져온다는 '나비효과'의 기원입니다.

토론에서도 나비효과를 활용할 수 있는 상황들이 있는데요, 바로 상대측이 양과 중요도가 비례한다고 생각할 때입니다.

특히 계층이나 계급과 관련된 논제를 다룰 때 '양이 적으니 중요도가 떨어진다'는 논리가 많이 나옵니다.

예시를 통해 이해해보겠습니다. 다음은 제6회 인천 고등학생 토론 대회의 일부입니다.

논제 선거권자 연령을 만 18세로 하향 조정해야 한다.*

반대 측 청소년이 선거에 미치는 영향은 3퍼센트밖에 안 됩니다. 그러나 연령 인하에 드는 비용은 30억 원이 넘습니다. 따라서 선거연령을 만 18세로 인하하는 것은 매우 비효율적입니다.

찬성 측 20대 총선에서 인천 부평갑 후보는 단 26표 차로 당선되었습니다. 1표 차이로도 당락이 결정될 수 있습니다. 청소년이 선거에 미치는 영향이 3퍼센트밖에 되지 않는다고 말씀하는데요, 대한민국에서 3퍼센트는 120만 표를 의미합니다. 청소년의 투표는 매우 큰 영향력을 발휘할 수 있습니다.

반대 측은 만 18세에 해당하는 청소년이 적기 때문에 그 영향력도 작다고 이야기했습니다. 총량과 중요도가 비례한다는 논리를 통해 선거연령 인하가 비효율적이라고 주장한 것입니다. 이에 대해 찬성 측은 적은 인원으로도 선거의 당락을 바꿀

---

* 만 18세는 생일이 지난 고3 학생들을 말해요. 토론이 진행되었던 2016년도에는 선거연령 기준이 만 19세였지만 현재는 만 18세로 하향 조정되었어요.

수 있음을 강조했습니다. 또한 반대 측이 제시한 3퍼센트라는 수치를 120만 표라는 구체적인 숫자로 제시하며 결코 적지 않은 양임을 드러냈죠.

이처럼 토론에서 특정 집단의 양적 규모를 곧 중요도로 넘겨짚을 때가 있습니다. "양이 이것밖에 안 되니 영향력도 작을 텐데 비용은 이만큼이나 든다니!" 하며 비효율적이라고 주장하는 것이지요. 따라서 찬성 측은 양과 중요도는 비례하지 않는다는 사실을 명확하게 이야기해야 합니다. 나비의 작은 날갯짓은 토네이도가 되어 돌아올 수 있다고요.

나비효과 전략은 청중의 관심을 '양'에서 '질'로 옮긴다는 점에서 중요합니다. 앞의 사례에서 반대 측의 반론이 청중의 초점을 '규모'에서 '영향력'으로 바꾼 것처럼 말이죠. 이처럼 나비효과 전략은 현실적 비용에 대한 논의를 당위적 가치에 대한 논의로 바꿀 수 있습니다.

'양이 곧 중요도'라고 생각하는 상대가 보인다면 말해봅시다.

"나비의 날갯짓이 토네이도로 돌아올 수 있어!"

기사도 정신

"네가 심사위원이면 다야? 이게 말이 돼?"

토론대회에서 가장 기억에 남는 순간 중 하나는 심사 결과에 승복하지 못한 지도교사가 심사위원과 몸싸움을 벌였던 장면입니다. 자신이 지도한 팀이 패배하자 심사에 이의를 제기한 것입니다.

하지만 불행하게도 토론 경기에는 오심이 존재할 수 없습니다. 명확한 판단 기준이 존재하는 스포츠 경기와는 달리 결국 심사위원들의 주관에 의해 승패가 결정되기 때문입니다. 이러한 이유로 많은 토론대회는 심사 과정을 비공개로 진행하거나, 지도교사들의 참관을 금지하기도 합니다.

그러나 심사위원을 향해 달려드는 지도교사로부터 느낀 이질감은 이러한 토론 경기의 근원적 한계를 넘어선 무언가로부터 비롯되었습니다. 바로 '기사도 정신의 부재'입니다.

토론에서 오심이 존재할 수 없다는 것은 곧 한번 내려진 판정은 번복될 수 없다는 뜻입니다. 따라서 토론자들은 어떠한 판정이 나오더라도 기사도 정신으로 받아들이고 자신의 토론을 복기해야 합니다. 이것은 정말 힘든 일입니다. 하지만 그만큼 가치 있는 일이기도 합니다.

　영국의 작가 제임스 보즈웰은 말했습니다.

　"사람은 경험이 아니라 경험을 수용할 수 있는 능력에 비례하여 현명해진다."

　패배를 승복하는 자세도 마찬가지입니다. 패배는 쓰라린 만큼 나의 문제점이 무엇인지를 분명하게 드러내줍니다. 그리고 다음 단계로 나아가는 원동력이 되어주지요. 따라서 더 나은 토론자가 되는 것은 나에게 주어진 경험을 어떠한 태도로 받아들이는가에 달려 있습니다. 토론 실력은 승리가 아니라 패배를 수용할 수 있는 능력에 비례하여 발전하기 때문입니다.

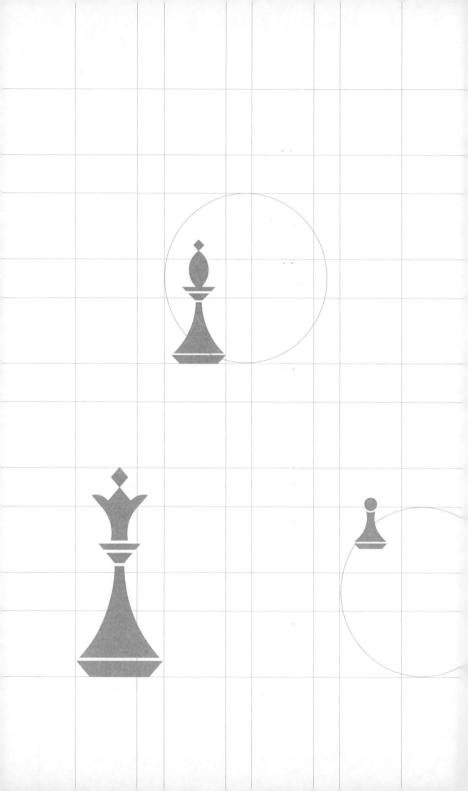

4장

전술[tactic]

몇 수의 기물 운용을 이용해
득점하는 기술

22. 크로커다일 공격

: 끈질긴 입증 요구

물가 먹이사슬 최상단에 위치한 악어는 얄짤 없는 포식자로 유명합니다. 특히 악어의 한 종인 크로커다일은 그 사냥법이 잔인하기로 소문났는데요, 한번 물면 놓지 않는 건 물론 사냥감이 죽을 때까지 목을 흔들어 갈기갈기 찢어버리기 때문입니다.

토론에도 크로커다일 전략이 있습니다. 바로 악어처럼 사냥감이 되는 상대 논리를 물고 놓치지 않음으로써 약점을 드러내는 전략입니다. 상대측이 추상적이거나 의미가 넓은 단어를 사용할 때, 우리는 크로커다일처럼 단어의 범위를 좁혀나가면서 상대를 압박할 수 있습니다.

인터넷 실명제 토론 예시를 통해 살펴볼까요?

논제 인터넷 실명제를 도입해야 한다.

찬성 측   인터넷 문화가 개선되어야 한다는 데 동의하시죠?

반대 측   예.

찬성 측   <u>그럼 구체적으로 어떻게 개선하실 건가요?</u>

반대 측   이용자들의 인식을 개선하는 교육이 필요합니다.

찬성 측   어떤 식의 교육이 필요하다는 말씀인가요?

반대 측   악플이 다른 사람에게 미치는 영향이 크다는 점을 스스로 느끼게 하는 것입니다.

찬성 측   그런 교육은 현재도 이루어지고 있습니다. 기존의 교육과 어떻게 차별화한다는 것이죠?

반대 측: ….

찬성 측   <u>이처럼 구체적인 개선책이 없는 상황에서 인터넷 실명제는 인터넷 문화 개선에 큰 도움이 될 수 있을 것입니다.</u>

인터넷 문화를 개선해야 한다는 찬성 측의 주장은 양측이 쉽게 동의할 수 있는 것이었습니다. 그러나 찬성 측이 '개선'이라는 단어를 물고 놔주지 않습니다. 그 결과 반대 측이 인터넷 문화 개선과 관련하여 별다른 방책을 준비해 오지 않았다는 점이 드러났습니다. 찬성 측이 먹잇감을 물고 계속해서 흔드는 바람에 지나칠 수 있었던 맹점이 노출된 것입니다.

이쯤 되면 많은 분이 이렇게 생각하실 수도 있습니다.

"이건 말꼬리 잡기 아닌가요?"

그러나 크로커다일 전략은 말꼬리 잡기가 아닙니다. 말꼬리 잡기가 논의를 삼천포로 빠뜨리는 반면, 크로커다일 전략은 '같은' 논점을 대상으로 범위를 좁혀갑니다. 앞선 예시에서 찬성 측은 '문제의 개선책을 강화하자'는 상대방의 발언에 대해 크로커다일 전략을 쓰고 있습니다. 논점 안에서 "구체적으로 어떻게 강화하고 개선할 것인가?"라는 질문을 거듭해나가는 것이죠. 즉 크로커다일 전략은 말꼬리 잡기보다는 추상적인 말의 의미를 조사하는 것에 가깝습니다.

그렇다면 실제 말꼬리 잡기는 어떻게 다를까요? 다음 예시를 보겠습니다.

찬성 측	인터넷 문화가 개선되어야 한다는 데 동의하시죠?
반대 측	예.
찬성 측	지금 추세가 이런데 과연 인터넷 문화가 개선될 수 있을까요?
반대 측	보다 적극적으로 노력한다면 분명 개선의 여지가 있다 생각합니다.

찬성 측	여지가 있다는 건 확실하지는 않다는 거네요?
반대 측	실명제를 시행하는 것보단 더 근본적인 해결책이라 생각합니다.
찬성 측	정말 악플 문화가 개선될까요? 저희는 그렇게 생각하지 않습니다.
반대 측	시각 차이라 생각합니다.

찬성 측의 말꼬리 잡기로 토론의 논점은 '개선 가능성'에서 '개선의 불확실성'으로, 그리고 다시 '개선 가능성'으로 계속 변화합니다. 결국 찬성 측은 '인터넷 문화 개선책'이란 주요 논점에서 별다른 성과를 거두지 못했습니다. 논점을 자기 쪽으로 끌어오지도 못했을 뿐더러, 논점이 마구 뒤섞이는 바람에 청중도 무슨 내용을 말하고 있는지 파악하기 힘듭니다.

따라서 크로커다일 전략이 말꼬리 잡기가 되지 않으려면 하나의 논점을 가지고 범위를 좁혀가며 질문하는 것이 중요합니다. 상대방이 도망가려 해도 한번 문 사냥감을 절대 놓지 않는 것입니다.

23. 소크라테스 문답법
: 스스로 모순 이끌어내게 하기

 소크라테스는 묻고 답하는 일을 좋아했습니다. 특히 질문을 통해 상대가 스스로 잘 알고 있다고 믿는 것들을 사실은 잘 모르고 있음을 일깨워주기를 즐겼죠. 소크라테스가 트라시마코스라는 청년과 나눈 대화의 일부를 바라봅시다.

소크라테스 오늘 기분이 어떠한가?

트라시마코스 우울합니다.

소크라테스 우울하다는 것은 무엇인가?

트라시마코스 기분이 더럽다는 것입니다.

소크라테스 그럼 기분이 더럽다는 것은 무엇인가?

트라시마코스 …잘 모르겠습니다.

질문을 통해 상대방 스스로 자기 논리의 모순을 드러내게 하는 방법을 '소크라테스 문답법'이라 말합니다. 1925년 열린 '스콥스 재판'은 소크라테스 문답법이 잘 나타난 사례입니다. 지금까지 회자되는 역사적인 재판인데요, 주제가 '창조론과 진화론*'이었기 때문입니다.

재판의 발단은 테네시주에서 진화론 교육을 금지하는 '버틀러 법'이 통과된 것이었습니다. 생물학 교사 존 스콥스는 이를 부당하다 생각해 일부러 학생들에게 진화론을 가르치고 스스로를 고소합니다. 스콥스 재판은 전 세계의 관심을 받았습니다. 재판의 주제도 주제였지만, 원고 측(창조론) 윌리엄 브라이언과 피고 측(진화론) 클래런스 대로우가 모두 거물급 변호사였기 때문입니다.

재판 초기에는 개신교 신자가 많은 테네시주의 특성상 원고 측이 우세해 보였습니다. 그러나 이후 대로우는 역사에 길이

---

* 창조론은 신이 인간을 창조했다는 기독교적 믿음이에요. 반대로 진화론은 다윈의 진화설에 따라 인간은 진화를 통해 만들어진 동물이라고 주장하지요.

남을 '성서 논쟁'으로 재판의 흐름을 뒤집어버립니다.

그럼 당시 재판 상황으로 잠시 들어가볼까요?

대로우(진화론) 　당신은 성경에 있는 모든 내용이 문자 그대로 해석되어야 한다고 생각하십니까?

브라이언(창조론) 　네. 성경의 모든 것은 쓰인 대로 받아들여야 합니다.

(…)

대로우(진화론) 　지구의 나이가 얼마라고 생각하세요?

브라이언(창조론) 　천지창조에 따르면 6000년 정도 됩니다.

대로우(진화론) 　이집트나 중국의 문명은 6000년보다 오래되었다는 사실이 드러났는데, 정말 하나님이 지구를 6일 동안 창조했다고 믿습니까?

브라이언(창조론) 　성경에서 하루는 24시간이 아니라 수백만 년을 의미할 수도 있습니다. 어쩌면 하나님이 6일 동안 세계를 만들었든 6억 년 동안 만들었든 그것은 쉬운 일이고 어떻게 믿든 중요하지 않습니다. 성경의 모든 구절을 100퍼센트 그대로 믿는다면 바보죠.

　　대로우는 '성경을 문자 그대로 받아들여야 한다'는 브라이언의 주장을 브라이언이 스스로 부정하게 만들었습니다. 자신의 주장과 모순되는 답변을 이끌어냄으로써 청중에게 '창조론의 주장은 앞뒤가 맞지 않는다'는 인상을 준 것입니다. 소크라테스 문답법은 결코 쉽지 않지만 발화자 당사자로부터 모순을 이끌어내는 만큼 그 파급력은 토론의 승패를 가를 정도로 엄청납니다.

그렇다면 소크라테스 문답법을 효과적으로 사용하기 위해선 무엇을 해야 할까요? 먼저 상대측 주장에서 상반되는 전제를 발견해내는 것이 중요합니다. 동물실험 토론을 통해 소크라테스 문답법을 실습해보겠습니다.

 동물실험을 금지해야 한다.

찬성 측   동물실험은 다음 두 가지 근거를 바탕으로 금지되어야 합니다.
첫째, 동물들도 인간처럼 고통을 느낍니다. 따라서 동물과 인간을 다르게 취급하면 안됩니다.
둘째, 동물실험을 통과했는데도 부작용이 발생한 약들이 있습니다. 동물은 엄연히 인간과 다르기에 동물실험은 효용이 떨어집니다.

전제가 상충되는 지점을 찾기 위해 두 근거를 천천히 살펴보겠습니다. 먼저 '동물도 인간처럼 고통을 느낀다'는 주장은 동물과 인간 간의 유사성에 초점을 맞추고 있습니다. 그러나 '동물실험은 효용이 없다'는 주장은 인간과 동물들이 서로 다르다는 구조적 차이점을 강조하고 있죠. 즉 인간과의 유사성과 차이점이라는 상반된 전제가 충돌하고 있는 것입니다. 반대 측은 바로 이 지점을 활용해 문답 형식으로 상대측 주장에 모순이 있음을 드러낼 수 있습니다.

반대 측	왜 동물실험의 효용이 없다고 생각하십니까?
찬성 측	동물과 인간은 구조적으로 엄연히 다르기 때문입니다.
반대 측	영장류와 인간의 유전자는 단 1.2퍼센트 차이밖에 나지 않는데요?
찬성 측	동물도 사람과 같이 고통을 느낍니다. 당연히 인간과 동일한 권리를 존중해주어야 합니다.
반대 측	고통을 똑같이 느끼기 때문에 동일한 권리를 인정해주어야 한다는 건가요?
찬성 측	네. 맞습니다.
반대 측	그럼 간단한 사고실험을 하나 해보겠습니다. 만약 실험동물들을 초파리로 대체할 수 있다면 그렇게 하는 게 바람직한가요?
찬성 측	…네. 그렇겠죠…?
반대 측	미국 《사이언스》지는 초파리도 인간과 같은 통각을 가졌다고 발표했습니다. 그렇다면 결국 찬성 측도 은연중에 고등생물과 하등생물의 위계를 고려하여 실험동물과 초파리 간의 권리를 차등적으로 생각하신 것 아닙니까?
찬성 측	….
반대 측	저희는 개체의 특정 권리가 성립되기 위해서는 통각 이외에 다른 복합적인 기능이 성립되어야 한다고 생각합니다. 즉 인간과 동일한 권리가 인정되기 위해서는 인간과 같은 구조적 요건을 지녀야 합니다. <u>찬성 측은 인간과 동물의 구조적 기능이 다르다는 주장으로 동물과 인간의 차이를 인정했습니다. 그러나 동시에 인간과 동물이 동일한 권리를 지닌다고 주장하고 있습니다.</u> 이것은 엄연한 모순입니다.

찬성 측의 논리 두 가지 '동물과 인간을 동일하게 취급해야 한다.'와 '동물과 인간은 구조적 차이가 있다.'가 서로 충돌하고 있습니다. 반대 측은 이 충돌점을 활용하여, 찬성 측 스스로 모순을 드러내게 하였습니다. 소크라테스 문답법은 발화자 스스로 자신의 모순을 드러내기 때문에, 일방적으로 반론을 전달하는 것보다 타격이 큽니다. 스스로 직접 상반된 전제를 말하고 그 과정을 청중과 공유했기에 더욱 당황할 수밖에 없겠지요.

쉽지 않은 내용인 만큼 한 번 더 실습해보겠습니다. 이번엔 찬성 측 입장에서 반대 측 주장의 충돌점을 찾아보죠.

반대 측　동물실험은 다음 두 가지 이유로 허용되어야 합니다.
첫째, 인간중심주의에 따라 인간은 고등생물이며 실험동물은 하등생물입니다. 인간과 유사하지 않기에 동일하게 취급하자는 것은 말이 안 됩니다.
둘째, 침팬지 같은 영장류는 인간과 유전자가 거의 97퍼센트가량 동일합니다. 따라서 인간과 유사한 동물들을 대상으로 한 실험은 여전히 유효합니다.

반대 측은 먼저 인간과 동물의 차이를 동물실험을 허용하자는 근거로 삼습니다. 인간과 동물 사이에는 고등생물과 하등생물이라는 차이가 엄연하다는 것이지요. 하지만 이후 인간과 영장류의 유사성을 근거로 동물실험의 유효성을 옹호합니다. 찬성 측은 바로 이 점을 활용해 반론할 수 있을 것입니다.

찬성 측	동물실험이 유효하다고 생각하시는 이유는 인간과 영장류의 유전자가 거의 비슷하기 때문이죠?
반대 측	예. 거의 차이가 없다고 봐도 무방합니다.
찬성 측	영장류도 인간과 똑같이 고통을 느끼는데, 인간과 동일시해야 하는 것 아닙니까?
반대 측	아무리 유사해도 실험 대상이 되는 동물과 인간은 엄연히 종이 다르죠.
찬성 측	바로 그렇기에 동물실험이 효용이 없다는 것입니다. 아무리 인간과 비슷하더라도 다른 종이기에 동물실험에서 통과된 약을 인간에게 사용했을 때 부작용이 나타나는 사례가 많아요.

찬성 측은 반대 측 주장에서 충돌하는 두 가지 전제를 통해 모순을 이끌어냈습니다. 먼저 반대 측의 두 번째 근거를 활용해 '동물은 인간과 유사하다'는 발언을 유도했습니다. 이후 '그럼 인간과 동일한 것 아니냐?'라는 질문을 통해 두 주장 간에 충돌을 일으켰죠. 그 결과 반대 측은 본인들이 근거로 제시한 '인간과 동물의 유사성'을 스스로 부정하게 되었습니다.

청중이 토론을 판단할 때 토론의 전체적인 흐름이나 논리의 장단점을 세세하게 따지기란 어렵습니다. 결국 실제로 토론의 승패를 결정짓는 것은 토론 중간중간에 나타난 결정적인 장면들이죠. 소크라테스 문답법은 그 결정적인 장면을 만드는 대표적인 방법입니다. 상대측 스스로 자기 논리의 모순을 시인

하게 한다면 그 어떤 장면보다도 청중의 머릿속에 인상적으로
남을 것입니다.

24. 렌즈 빼앗기
: 상대 논리 역이용하기

씨름에서는 덩치 작은 선수가 힘센 거구의 선수를 넘어뜨리는 모습을 종종 볼 수 있습니다. 우리는 놀라워하지요.

"어떻게 자신보다 힘센 선수를 이길 수 있었던 걸까?"

선수들은 '상대방의 힘을 역이용했기 때문'이라고 말합니다. 내 힘 30에 상대방의 힘 70을 더해 도합 100짜리 역공으로 상대방을 무너뜨리는 것입니다.

토론에서도 상대방의 힘을 역이용하는 전략이 있습니다. 바로 상대방의 관점을 적용하여 더 강하게 역공하는 '렌즈 빼앗기'입니다. 상대측의 관점을 우리 측 주장의 근거로 사용하는 것인데요, 상대방의 논리를 역이용하기 때문에 청중을 더 쉽게 설득할 수 있습니다.

다음 예시는 실제 토론에서 사용된 렌즈 빼앗기 전략입니다.

논제 징병제*를 폐지해야 한다.

찬성 측　징병제는 기본적으로 군에 들어오기 싫은 사람들을 억지로 끌고 오는 제도입니다. 그 결과 폭력 및 부조리 같은 문제가 발생하여 군에 대한 인식도 바닥을 치고 있죠. 모병제**를 시행하면 이런 문제가 없을 것입니다.

반대 측　[렌즈 확인] 현재 군에 대한 인식이 안 좋다고 생각하시는 거죠?

찬성 측　맞습니다.

반대 측　군에 대한 인식이 좋지 않은 상황에서 모집이 될까요? 실제로 대만의 경우 모집이 안 되어 모병제 도입이 삼 년 정도 늦춰졌습니다.

찬성 측　…….

---

*　국가가 국민에게 병역의 의무를 부여하여 군인을 모집하는 것을 징병제라고 해요. 현재 우리나라는 징병제를 채택하고 있어요.

**　군인이 되기를 희망하는 사람들이 자원하여 입대하는 방식을 말해요. 국가가 강제로 병역 의무를 부과하는 징병제와 반대되는 개념이지요.

찬성 측은 '군대에 대한 부정적 인식'이라는 렌즈를 끼고 징병제의 문제점을 지적합니다. 반대 측은 찬성 측의 렌즈를 가져와 '군대에 대한 인식이 이렇게 좋지 않은데 누가 지원하겠는가'라고 반론하며 상대방의 논리를 무너뜨리고 있습니다. 렌즈 빼앗기 전략이 더 아픈 이유는 자신이 사용했던 바로 그 주장으로 역공당하기 때문입니다.

렌즈를 빼앗아 오려면 상대측 논리가 우리 측 주장의 근거로 사용될 수 있는지 검토해야 합니다. 예를 들어 앞선 사례에서 반대 측은 찬성 측이 주장한 '군에 대한 부정적 인식'이 자신들이 주장하는 '모집 어려움'의 근거가 될 수 있음을 파악하고 활용했습니다. 이처럼 상대측 주장을 우리 측 입장에서 활용할 수 있다면, 논거를 역이용해 강력한 반론을 펼칠 수 있습니다.

"그럼 상대측 주장에 우리 측 근거로 쓸 만한 논리가 없을 땐 어떻게 하나요?"

만약 상대측 렌즈를 우리 측 근거로 활용하지 못한다면, 그 관점은 어떠한 방식으로도 우리 측에 도움이 되지 않습니다. 따라서 토론에서 상대측이 사용한 렌즈를 아예 빼버려야 합니다. 상대측의 관점이 잘못되었음을 비판하는 것입니다.

예시를 보며 이해해보겠습니다.

논제 국립공원에 케이블카를 설치해야 한다.

반대 측   국립공원에 케이블카를 설치해서 수익을 낸 곳은 통영 한 곳뿐입니다.
[렌즈 제시] 수익성이 너무 떨어지는 사업입니다.

찬성 측   국립공원 케이블카 설치를 경제적 관점에서 비판하시는 게 맞습니까?

반대 측   맞습니다.

반대 측이 케이블카 사업의 수익성이 부족하다고 비판합니다. 찬성 측으로서는 어떠한 방식으로도 케이블카 사업의 수익성이 떨어진다는 관점을 활용하기가 어렵습니다. 따라서 괜히 역이용해보려 애쓰기보다는 토론장에서 아예 빼내버리는 것이 좋습니다. 앞선 예시에서도 찬성 측은 국립공원의 의의를 강조하며 경제적인 관점으로 케이블카 사업을 바라보는 시각 자체를 비판합니다. 청중이 케이블카 사업을 경제적 관점만으로 바라보지 않도록 설득하는 것입니다.

렌즈 빼앗기 전략을 쓰려면 먼저 상대방의 관점을 우리 측 주장의 근거로 쓸 수 있는지 검토해야 합니다. 만약 가능하다면 상대측 관점을 우리 측 주장의 근거로 사용하여 더 강력한 반론을 펼치면 됩니다. 불가능하다면 상대측 렌즈 자체를 비판하여 청중이 상대측 관점으로 논제를 바라보지 않도록 설득해야 합니다.

25. 꼭 거기로 가야 돼?
: 대안 제시하기

동욱이와 민서가 사과를 먹으려 합니다. 동욱이가 과도를 들고 열심히 사과를 깎기 시작합니다.

민서   어? 뭐 하는 거야?

동욱   뭐 하긴. 껍질 깎지.

민서   그러니까 왜 껍질을 깎는 건데?

동욱   사과 먹기 싫어?

민서   아니, 먹고 싶은데 왜 굳이 껍질을 깎는지 묻는 거야.

동욱　　　　사과 먹기 싫으면 싫다고 해.

민서　　　　사과가 먹기 싫은 건 아닌데, 꼭 껍질을 깎아서 먹어야 해?

　사과를 먹고 싶은 마음은 동욱이나 민서나 같습니다. 동욱이는 사과를 깎아 먹고 민서는 껍질째로 먹는다는 방식의 차이가 있을 뿐이죠. 그러나 민서가 껍질을 깎는 것에 의문을 제기하자 동욱이는 민서가 사과를 먹기 싫어한다고 생각합니다. 목표(사과 먹기)에 이르는 방식은 여러 가지인데, 그중 하나(껍질 깎기)에 반대했다고 마치 목표 자체를 부정한 것처럼 받아들인 것입니다.

　정책 토론에서는 이와 비슷한 상황이 자주 발생하는데요, 정책에 반대하는 것이 마치 정책이 목표로 삼는 가치를 부정하는 것처럼 비춰지기 때문입니다. 그러나 어떤 방식을 반대한다는 것이 그 방식이 목표하는 가치를 부정한다는 뜻은 아닙니다. 따라서 우리는 사과를 깎는 데 반대할 뿐, 사과 먹는 일을 반대하고 있는 것이 아니라고 분명히 말해야 합니다.

　이런 상황에서 쉽게 적용할 수 있는 전략이 바로 '꼭 거기로 가야 돼?'입니다. 문제를 해결하는 길은 여러 가지입니다. 따라서 반대 측은 찬성 측에게 "나도 목적지에 도착하고 싶어! 근데 꼭 이 길로 가야 돼?"라고 물을 수 있습니다. 가치 실현에는 동의하지만 너희가 제시한 방식이 최선의 방안은 아니라고 주장하는 것입니다. 예를 들면 다음과 같은 상황입니다.

찬성 측 반대 측은 지금도 죽어가는 수많은 난민이 보이지 않습니까?

반대 측 난민들의 목숨은 소중하기에 난민 지원에 반대하지는 않습니다. 하나 '난민을 지원해야 하는가?'와 '꼭 수용 형태여야 하는가'는 다른 문제입니다. 난민 수용이 난민을 지원하기 위한 최선의 지원 방안인지 묻는 것입니다.

찬성 측이 난민들을 외면하는 거냐고 따져 묻습니다. 이 상황에서 반대 측은 마치 죽어가는 난민들을 외면하는 냉혈한처럼 보일 수 있습니다. 따라서 반대 측은 '난민 수용'을 반대하는 것이지 '난민 지원'에 반대하는 것이 아님을 말합니다.

'꼭 거기로 가야 돼?' 전략은 반대 측에게 세 가지 이점이 있습니다.

첫째, 합리적이라는 인상을 줍니다. 청중은 "무조건 안 돼!"라고 말하는 차가운 비평가에게 거부감을 느낍니다. 이 전략은 "너희 말을 공감하고 이해하지만 이 방법은 아닌 것 같아."라고 말하는 것입니다. 가치를 실현할 수 있는 더 합리적인 대안을 찾기 위해 반대하고 있다고 청중을 설득하는 것이지요.

둘째, 정책의 한계를 강조할 수 있습니다. 정책 토론은 쟁점이 존재하는 정책들을 논제로 삼습니다. 이런 상황에서 "꼭 거기로 가야 돼?"라는 질문은 청중으로 하여금 "그러게, 이거말고도 다른 좋은 방법들이 있잖아."라며 대안들의 장단점을 견주어 보도록 유도합니다. 이 과정에서 아직 실현되지 않은 정책의 기대 효과보다는 지금 존재하는 한계점에 더 집중하게 됩니다. 정책의 현실적 한계를 주장하는 반대 측이 토론을 흐름을 가져올 수 있도록 도와주는 전략인 것이지요.

셋째, 찬성 측에 입증 부담을 더할 수 있습니다. "꼭 거기로 가야 돼?"라는 질문은 찬성 측에게 '타 대안들이 아니라 굳이 이 논제가 실현되어야만 하는 이유'를 입증해야 한다는 또 다른 책임을 부여합니다. 앞선 예시에서 찬성 측은 본래 '난민을 수용해야 하는 이유'만 입증하면 되었습니다. 그러나 반대 측이 난민을 지원하는 다른 대안들이 있다고 주장하면서 상황이 달라졌습니다. '여러 지원책 중에서도 난민 수용이어야만 하는 이유'로 입증 부담이 더욱 가중된 것입니다.

"그럼 상대가 '꼭 거기로 가야 돼?' 전략을 쓸 때는 어떻게 대응해야 할까요?"

논제가 제기된 사회적 배경을 강조함으로써 대응할 수 있습니다. 앞의 예시를 이어가보겠습니다.

찬성 측　반대 측은 지금도 죽어가는 수많은 난민이 보이지 않습니까?

반대 측　난민들의 목숨은 소중하기에 난민 지원에 반대하지는 않습니다. 하나 '난민을 지원해야 하는가?'와 '꼭 수용 형태여야 하는가'는 다른 문제입니다. 난민 수용이 난민을 위한 최선의 지원 방안인지 묻는 것입니다.

찬성 측　반대 측은 왜 이번 논제가 '난민 지원'이 아니라 '난민 수용'으로 설정되었는지 그 사회적 맥락을 이해할 필요가 있습니다. 지금 난민들에게 필요한 건 일시적인 도움보다 새로운 삶을 꾸려갈 터전입니다. 이미 유럽의 난민 수용국들은 포화 상태에 이르렀습니다. 이런 상황에 우리나라에서도 난민을 수용한다면 난민을 지원하는 최고의 방안이 될 것입니다.

　찬성 측은 난민 수용이라는 논제가 제기된 배경을 강조함으로써, 꼭 난민을 수용해야 하는 이유를 설득하고 있습니다. 즉 '꼭 거기로 가야만 하는' 이유를 설명해준 것입니다.

　여기에 더해 찬성 측은 상대가 우리 측이 추구하는 궁극적 목표에 동의했다는 사실을 이용할 수 있습니다. 우리가 추구하는 목표에 동의하면서 왜 그 목표를 달성하기 위한 대안에는 동의하지 않는지 묻는 것입니다. 예시를 보겠습니다.

반대 측　난민들의 목숨은 소중하기에 난민 지원에 반대하지는 않습니다. 하나 '난민을 지원해야 하는가?'와 '꼭 수용 형태여야 하는가'는 다른 문제입니다. 난민 수용이 난민을 위한 최선의 지원 방안인지 묻는 것입니다.

찬성 측　반대 측은 찬성 측이 추구하는 '난민 지원'이라는 궁극적 목표에 동의하셨습니다. 난민 지원에 동의하시면서 왜 난민 수용은 반대하시는 것입니까? 난민 지원책 중에 그들에게 새로운 터전을 제공하는 것보다 좋은 대안이 있으면 제시해주십시오

　반대 측은 '꼭 거기로 가야 돼?' 전략을 쓰며 찬성 측의 궁극

적 목표에 동의했습니다. 찬성 측은 이 지점을 강조하고 있습니다. "왜 굳이 이 정책이어야 하는가?" 질문했던 반대 측에게 "왜 이 정책이면 안 되는가?"라고 반문한 것입니다.

그럼 '꼭 거기로 가야 돼?' 전략과 그 대응법에 대해 정리해보겠습니다. 이 전략은 어떠한 방식에 반대하는 것이 그 방식이 추구하는 목적에 반대하는 것은 아님을 이용하는 전략입니다. 이 전략은 반대 측의 이미지를 부드럽게 해주고, 청중의 초점을 정책의 한계에 맞춰줍니다. 또한 상대의 입증 부담을 가중시켜 토론의 흐름을 가져올 수 있다는 이점이 있습니다.

반대로 상대가 '꼭 거기로 가야 돼?' 전략을 썼다면, 논제가 제기된 사회적 배경을 제시함으로써 극복할 수 있습니다. 또한 상대측이 당위적 가치에 동의했다는 점을 활용해 "왜 여기로 가면 안 되는데?"라고 역질문할 수 있습니다.

결국 '꼭 거기로 가야 돼?' 전략은 반대 측의 입장에서는 '얼마나 설득력 있는 대안을 준비해 오는가'에 따라, 찬성 측의 입장에서는 '사회적 배경을 얼마나 설득력 있게 풀어내는가'에 따라 그 효과가 크게 갈립니다.

제2, 제3의 대안을 설득할 준비가 되었다면, 이렇게 말해봅시다.

"그런데 꼭 거기로 가야 돼?"

26.   0 또는 1?
: 극단적 해결책 비판하기

영희가 코딩 수업을 듣고 있습니다. 그런데 코드가 돌아가지 않네요. 영희는 자신이 작성한 코드를 돌아보다가 괄호 한 개가 빠졌음을 알게 되었습니다. 다른 코드들은 완벽했으나 괄호 한 개가 없어 코드가 돌아가지 않게 된 것이죠. 컴퓨터는 작은 실수에도 극단적으로 반응하기 때문입니다.

정책 토론에서 토론자들이 정책을 검토할 때, 이렇게 극단적인 반응을 할 때가 있습니다. 문제가 있으니 이 정책은 잘못되었으며 없애버려야 한다고 주장하는 것입니다. 특히 특목고 폐지, 교복 폐지와 같이 기존 정책을 없애야 한다는 논제들을 다룰 때 종종 이러한 경향이 보입니다. 그러나 정책은 코드가

아닙니다. 따라서 정책을 검증할 때는 이런 질문을 던져봐야
합니다.

질문1. 극단적 해결책을 도입해야 할 만큼 문제가 심각한가?
질문2. 문제를 해결하려는 노력은 충분했는가?

직장 생활을 하다 보면 필연적으로 실수를 하게 됩니다. 그
렇지만 회사는 가벼운 실수 한두 번 했다고 직원을 해고하지
않습니다. 해고할 정도로 문제가 심각하지 않다면 그 직원의
실수를 교정해주는 것이 회사 입장에서는 더 이득이기 때문입
니다. 이렇듯 우리 사회는 문제를 발견하면 전체를 폐기하기
전에 우선 어떻게 개선할지를 고민합니다.

반대 측은 바로 이 부분을 건드려야 합니다. 작은 문제 때문
에 정책 자체가 없어져야 하는지, 개선하려는 노력도 해보지
않고 정책을 폐지하는 게 맞는지 묻는 것입니다. 그럼 찬성 측
은 기존 체제의 문제가 매우 심각하며 개선하려 노력했으나
별다른 효과를 보지 못했다는 사실을 제시해야 합니다. 찬성
측이 극단적 해결책의 당위성을 입증해야 하는 부담을 지게
되는 것입니다.

한 학급에서 벌어진 토론의 예시를 보겠습니다.

논제 수업하는 동안 우리 반 학생들의 휴대폰을 모두 걷어야 한다.

찬성 측 수업 시간에 게임 알람이나 메신저 소리가 들린 일이 여러 번 있습니다. 이런 학생들 때문에 수업에 집중할 수 없습니다. 수업 시간에는 모두 휴대폰을 제출해야 합니다.

반대 측 수업 시간에 알람이 울린 사례는 한 달에 두세 번 정도입니다. 선생님께서도 가볍게 주의만 주고 넘어가셨고요. 문제가 심각하지 않을 뿐더러 개선해보려는 노력조차 충분치 않았습니다. 이런 상황에서 무작정 모든 학생의 휴대폰을 걷어야 할까요?

찬성 측은 수업 시간에 휴대폰이 울려 집중력이 흐트러진다고 문제 제기했습니다. 반대 측은 그런 사례가 매우 드물고 개선하려는 시도가 충분치 않았다며 반론합니다. 문제가 존재하지만 그것이 모든 학생의 휴대폰을 일괄 걷어야 할 만큼 심각하지는 않다고 주장한 것입니다. 이제 청중은 생각할 것입니다. '그러게, 굳이 저렇게까지 해야 하나?' 그렇게 되면 찬성 측은 휴대폰을 걷어야 하는 이유를 설명하기보다 수업 시간 중 휴대폰 사용 문제가 심각하다는 것을 입증하는 데 더 많은 시간을 할애하게 되겠죠.

그렇다면 이때 찬성 측은 어떻게 반박해야 할까요? 극단적인 조치가 필요한 이유를 강조해야 합니다. 사실 이 교실의 휴대폰 사용 문제는 하루 이틀 일이 아닐 가능성이 큽니다. 그렇다면 매년 개선해보려 했지만 문제가 해결되지 않았기에 극단적 해결책을 주장하는 것이라고 설득해야겠지요.

지하철 장애인 이동권 시위 찬반 토론에는 급진적인 해결책과 관련된 찬성과 반대 측의 입장이 잘 녹아 있습니다.

논제 지하철에서 장애인 이동권 시위*를 하는 것은 바람직한가.

반대 측 사실 장애인 이동권 보장에 반대하는 정당은 없거든요. 정치인을 대상으로 시위하는 건 괜찮은데 이번엔 그 정도가 너무 과했다고 생각합니다.

찬성 측 이십 년간 이동권을 보장해주겠다는 약속을 받았지만 말뿐이었습니다. 단순히 시위 방식이 잘못되었다고 생각하지 마시고 왜 그렇게 시위할 수밖에 없었는지를 바라봐주세요. 이런 방식이 아니라면 아무도 장애인의 목소리에 귀 기울여주지 않을 것이 아닙니까?

반대 측은 시위 방식이 극단적이라며 다른 선택의 여지는 없었는지 묻습니다. 이렇듯 급진적인 해결책을 다루는 토론에서 반대 측은 정책은 0 또는 1로 결정되는 코드가 아니며 개선을 위한 노력이 우선임을 강조해야 합니다.

반면 찬성 측은 지금껏 장애인 이동권 문제가 개선되지 않았기 때문에 급진적인 시위 방식을 도입하게 되었음을 강조합

---

* 전국장애인차별철폐연대에서 주관한 시위로 탈시설, 장애인 이동권 보장을 주장했어요. 시위 과정에서 지하철 운행이 지연되어 갑론을박이 벌어졌지요.

니다. 즉 이동권 문제는 쉽게 극복 가능한 사안이 아니며 우리 사회가 수십 년간 앓고 있는 고질적인 문제라는 것이죠. 이러한 식의 논리 전개는 해결책이 지닌 극단성에서 그러한 해결책을 주장할 수밖에 없는 사회적 배경으로 청중의 초점을 옮겨줍니다.

정리하자면 반대 측은 상대가 제기한 문제의 심각성과 개선의 여지를 검토해야 합니다. 이 과정에서 문제를 가볍게 만들어 굳이 급진적 해결책을 도입할 필요가 없다고 청중을 설득해야 합니다. 찬성 측은 역사적 배경을 통해 문제의 심각성을 드러냄으로써 이에 대응할 수 있습니다.

27 쇼 미 더 머니
: 정책 비용 공략하기

정책 토론의 중요한 쟁점 중 하나는 바로 '정책의 실현 가능성'입니다. 그리고 비용은 정책이 현실적인지를 판단할 수 있는 대표적인 요소입니다. 찬성 측과 반대 측에서 정책 비용과 관련된 논쟁에 대처할 수 있는 법을 알아보겠습니다.

정책 시행을 찬성하는 입장

찬성 측은 새로운 정책 시행을 지지하는 입장입니다. 따라서 정책에 들어가는 비용보다 정책을 통해 얻을 수 있는 가치가 크다는 사실을 강조해야 합니다.

첫째, 이전 사례를 통해 편익을 강조하라.

제약회사는 약 하나를 시중에 내놓기 위해 수많은 임상실험 결과를 참고합니다. 정책 토론에서도 이미 결과를 알 수 있는 사례들이 존재합니다. 찬성 측은 이 사례들을 활용해 정책 비용이 막대하지 않다거나, 정책으로부터 얻는 편익이 비용을 뛰어넘는다고 주장할 수 있습니다. 다음 예시를 보겠습니다.

 국립공원에 케이블카를 설치해야 한다.

반대 측　　케이블카 설치에는 막대한 비용이 들어갑니다.

찬성 측　　통영시는 케이블카 설치 이후 관광객이 이 년 새 36퍼센트 증가했습니다. 케이블카 설치는 비용을 뛰어넘는 경제적 효과가 있습니다.

반대 측은 케이블카 설치에 들어가는 비용을 강조합니다. 찬성 측은 이미 결과가 나온 통영시의 사례를 참고해 비용 문제를 반박합니다. 통영시가 케이블카 설치 이후 얻고 있는 경제적 이익을 강조하며 케이블카 사업은 비용보다 편익이 더 크다고 설득한 것입니다. 이렇듯 이전 사례들은 가치와 비용을 양적으로 비교할 수 있게 해줍니다. 구체적인 수치를 통해 우리가 찬성하는 정책의 경제성과 효과를 명확하게 보여주는 것입니다.

둘째, 정책의 당위적 가치를 강조하라.

누군가 자동차에 안전벨트를 설치하는 데 너무 많은 돈이 드니 없애자고 주장한다면, 우리는 터무니없는 소리라고 생각할 것입니다. 안전벨트가 지켜주는 '생명'이라는 가치가 돈보다 중요하다는 공감대가 형성되어 있기 때문입니다.

정책 비용도 마찬가지입니다. 정책을 시행하는 데 많은 비용이 든다는 것이 밝혀졌을 때, 찬성 측은 정책이 지향하는 사회적 가치를 계산적으로 접근하면 안 된다고 주장해야 합니다. 우리가 실현하려는 가치는 돈보다 더 중요하기에 아무리 많은 비용이 들더라도 시행해야 한다는 공감대를 형성하는 것입니다. 예를 들면 다음과 같습니다.

 논제 국민 발안제*를 실시해야 한다.

반대 측 국민 발안제의 마지막 단계인 국민투표를 위해서는 적어도 3000억 원이 소요됩니다. 이런 비용을 감당할 수 있겠습니까?

찬성 측 국민 발안제는 다양한 국민의 의사를 반영함으로써 헌법의 기본 원리인 국민주권을 실현합니다. 헌법적 가치를 실현하는 일을 계산적으로 접근해도 되는지 의문이 듭니다.

---

* 국민이 직접 법률안을 제출할 수 있는 제도를 말해요. 국민이 발제한 법률안은 마지막으로 국민투표를 거친 뒤 시행 여부를 결정합니다.

국민이 법률을 발안하고 결정할 수 있는 국민 발안제는 국회의원들이 국민의 목소리를 제대로 전달하지 못하고 있다는 인식에서 시작되었습니다. 찬성 측은 민주사회에서 국민 발안제가 가질 수 있는 가치를 강조하며 경제적 논리로 접근하는 반대 측의 태도를 비판했습니다.

당위적 가치를 강조하면 청중은 비용에 대한 논의를 가볍게 인식하게 됩니다. 우리가 안전벨트에 드는 비용을 크게 신경 쓰지 않는 것처럼 말이죠. 또한 청중의 초점이 비용에서 가치로 이동하면서 반대 측을 '고귀한 가치에 계산기를 두드리는 이미지'로 바라보게 될 수도 있습니다.

셋째, 기관이 낭비하는 비용을 강조하라.

찬성 측이 당위적인 가치 실현을 강조하더라도 정책에 소모되는 비용이 너무 과할 때가 있습니다. 아무리 귀중한 가치라도 "고귀한 가치를 위해 1000억 원을 내세요!"라고 하면 바로 받아들일 사람은 얼마 안 될 것입니다.

이런 상황을 극복하는 간단한 방법은 기관이 낭비하는 비용을 파악하는 것입니다. 정책 비용이 조금 과도하더라도 낭비되는 금액을 정책에 사용한다면 충분히 실현 가능하다고 주장하는 것입니다. 다음 예시를 보겠습니다.

모병제를 도입해야 한다.

반대 측   모병제를 도입하려면 병사 월급을 인상해야 하는데, 엄청난 돈이 들
것입니다.

찬성 측   2020년도에 국방부가 8억 1000만 원을 소규모 체육 시설 사업에
동원해서 감사원의 경고를 받았습니다. 국방부에서 낭비되는 예산
을 절감한다면 충분히 가능하리라고 생각합니다.

　　반대 측이 비용 문제를 지적하자, 찬성 측은 기관이 낭비하
는 비용을 절감하면 충분히 병사 월급을 충당할 수 있다고 주
장합니다. 신기한 점은 병사 월급을 올려줄 만한 돈이 있다고
증명하지 않았음에도 기관이 낭비하는 비용을 얘기하는 것만
으로 정책이 실현 가능하다고 설득해냈다는 것입니다. 이렇
듯 토론장에서 정책 비용이 과도하다는 지적을 받았을 때, 기
관이 낭비하는 비용을 강조하면 실현 가능성 쟁점에서 밀리지
않을 수 있습니다. 다만 앞서 이야기했듯 정책 비용이 과도하
다는 본질적인 부분을 건드리지는 못하기 때문에, 최후의 수
단으로 사용하는 것이 좋습니다.

정책 시행을 반대하는 입장

반대 측은 정책 시행을 반대하는 입장입니다. 따라서 정책을 통해 얻을 수 있는 가치에 비해 비용이 더 크다는 사실을 증명해야만 합니다. 혹은 정책 비용이 적절하더라도 현실적으로 집행하기 어렵다는 사실을 청중에게 전달해야 하죠. 반대 측은 비용을 논의할 때, 다음 세 가지 방법을 활용할 수 있습니다.

첫째, 기관의 부채를 활용하라.

가장 간단한 방법은 정책을 시행하는 기관의 재정 상황이 좋지 않다는 사실을 제시하는 것입니다. 다음 예시를 보겠습니다.

 전기세를 인하해야 한다.

반대 측 과연 전기세를 인하할 수 있는지 묻고 싶습니다.
한전의 〈2020~2024년 중장기 재무관리계획〉에 따르면, 2021년 한전의 부채는 132조 4753억 원으로 재정 상황이 매우 악화되었습니다.

반대 측은 한전의 부채 상황을 통해 전기세 인하 실현 가능성에 의문을 제기하고 있습니다. 이처럼 기관의 재정 상황을 제시하며 실현 가능성을 묻는다면 상대측은 경제적 부담을 감수해가면서까지 정책을 시행해야만 하는 당위성을 증명해야 합니다. 입증 부담이 커지는 것입니다.

두 번째, 기회비용을 강조하라.

모든 정책은 변화를 가져옵니다. 새로운 정책을 시행하는 것은 기존 정책의 효용을 포기하는 결과를 낳을 수도 있습니다. 이때 우리가 포기해야 하는 기존 정책의 효용을 기회비용이라 말할 수 있습니다. 반대 측은 이 기회비용이 변화를 통해 얻을 가치보다 클 것이라고 주장할 수 있습니다. 다음 예시를 봅시다.

 노인 지하철 무임승차제를 폐지해야 한다.

찬성 측 기존에 무료로 타던 노인들이 지하철 요금을 내면 교통공사의 적자를 개선할 수 있습니다.

반대 측 [얻게 될 가치] 한국교통연구원 자료에 따르면, 2012년 광역시 지역 지하철 무임수송액은 2679억 원입니다. 노인들의 지하철 탑승을 유료로 전환하면 이 금액을 절약할 수 있겠죠.
[잃게 될 가치] 그러나 2011년도 무임승차제의 잠재적 편익은 3361억 원으로 비용보다 편익이 컸습니다. 무임승차제 폐지를 통해 개선되는 적자보다 희생되는 사회적 편익이 더욱 큰 것입니다.

반대 측은 노인 지하철 무임승차제를 폐지했을 때 얻는 이익보다 기회비용이 더 크다고 주장했습니다. 그 결과 무임승

차제를 유지하는 쪽이 경제적으로도 더 가치 있다고 설득할
수 있었습니다.

셋째, 더 좋은 대안 제시하기

정책은 어떠한 사회적 가치를 추구하지만, 그 가치를 얻을
수 있는 방법은 다양합니다. 그렇기에 반대 측은 찬성 측이 제
시한 정책보다 더 경제적인 대안을 제시할 수 있습니다. 찬성
측이 주장하는 정책이 타 정책에 비해 비경제적임을 강조하면
서요. 예를 들면 다음과 같은 상황입니다.

논제 교육 시스템을 경쟁 체제에서 협력 체제로 바꿔야 한다.

반대 측 현재 우리나라 교육 시스템은 수능이라는 경쟁 체제를 기본으로 하
고 있습니다. 시스템을 기초부터 바꾸려면 경제적·시간적 비용이 정
말 많이 들 것입니다. 무리하게 시스템을 바꾸기보다는 기존 시스템
내에서 선의의 경쟁이 이루어지도록 유도하는 것이 더 효율적이지
않을까요?

반대 측이 '선의의 경쟁 체제'라는 대안을 제시하고 있습니
다. 협력 체제로 무리하게 바꾸는 것보다 선의의 경쟁을 유도
하는 편이 더 경제적이라고 주장한 것이지요. 여기서 중요한
점은 청중이 더 경제적인 대안을 접하면서 협력 체제로 전환
하는 데 많은 비용이 든다는 점을 인식하게 된다는 것입니다.
심지어 협력 체제로 전환하는 데 생각보다 많은 비용이 들지

않는다 하더라도 말이죠.

그럼 정책 비용을 주제로 토론할 때 양측이 활용할 수 있는
전략들을 정리해보겠습니다.

찬성 측
첫째, 이전 사례를 통해 편익을 강조하라
둘째, 정책이 가진 당위적 가치를 강조하라.
셋째, 기관이 낭비하는 비용을 파악하라.

반대 측
첫째, 기관의 부채 상황을 활용하라.
둘째, 우리가 포기해야 하는 가치, 즉 기회비용을 강조한다.
셋째, 더 좋은 대안을 제시한다.

28.　이건 왜 안 돼?
　　　: 잣대 확장하기

　토론하다 보면 판단의 기준점을 제시해야 하는 경우가 있습니다. '어떤 가치를 우선시할 것인가?' 혹은 '어떤 것을 더 존중하고 어떤 것을 무시할 것인가?'처럼 말이지요. 이렇듯 가치의 경중을 결정하는 기준점을 '잣대'라고 부릅니다.

　만약 상대방이 어떤 잣대를 들이댄다면 우리는 그것을 비판적으로 받아들여야 합니다. 논제 밖에서 상대방이 들이댄 잣대를 적용해보면서 "그럼 이건 왜 안 돼?"라고 질문하여 상대를 흔드는 것입니다.

　상대방의 잣대를 확장하여 논리의 일관성을 지적하는 전략을 '잣대 확장하기'라 합니다. 이 전략은 상대의 이중 잣대를 포착하거나 주장의 일관성을 지적할 때 효과적입니다. 다음은 EBS에서 진행된 모 토론에서 진중권 교수가 잣대 확장하기를 통해 반론을 펼친 사례입니다.

논제 개고기를 먹으면 안 된다.

박소연   개는 우리가 역사적으로 이름 붙여주고 친밀한 관계를 유지하며 함께 살아온 반려동물입니다. 그러니 개고기를 먹으면 안 됩니다.

진중권   육식 자체를 반대하는 사람들의 입장은 존중합니다. 그런데 개고기에 대해선 조금 복잡한 게 논리의 일관성이 떨어집니다. 소나 돼지는 먹어도 되는데 개만 먹으면 안 되는 이유를 제시하기가 쉽지 않다는 겁니다. <u>반려동물의 기준이 이름을 붙여주는 거라고 하셨는데, 돼지나 소에도 이름 붙이는 사람이 있거든요?</u> 따라서 모든 동물을 먹지 말자는 주장은 일관성이 있지만, 개 식용만을 반대하는 주장은 일관성이 떨어지는 것이죠.

　박소연 대표는 개 식용을 반대하기 위한 잣대로 '이름을 붙여주는 친밀한 관계'를 제시하였습니다. 진중권 교수는 상대가 제시한 이 잣대를 개고기 밖으로 확장하여 생각하고 있습니다. 돼지나 소에도 이름을 붙여주고 친밀하게 대하는 경우가 있는데, 소고기와 돼지고기 식용은 허용하면서 개고기만 안 된다는 논리는 일관성이 떨어진다고 지적한 것입니다.

　다른 예시로 제6회 인천고등학생 토론대회의 일부를 보겠습니다.

논제 선거권자 연령을 만 18세로 인하해야 한다.

반대 측 대한민국 청소년들은 입시 지옥이라는 현실에서 살고 있습니다. 따라서 정치에 대해 생각하고 알아볼 시간이 부족합니다.

찬성 측 시간이 부족한 것은 맞습니다. <u>그러나 그것은 청소년만의 문제가 아니라 이 시대를 사는 모두의 문제입니다.</u> 시간 부족이 청소년에게 선거권이 주어질 수 없는 이유가 된다면, 이 시대를 바삐 살아가는 모든 노동자도 선거권을 부여받지 말아야 할 것입니다.

반대 측은 정치에 관심을 가지고 알아볼 시간이 부족하다는 이유로 선거권자 연령 인하에 반대하고 있습니다. 즉 선거권 부여를 결정하는 잣대로 '정치에 대해 충분히 알아볼 수 있는 시간'을 제시한 것이죠. 찬성 측은 반대 측이 제시한 잣대를 모든 현대인에게 적용했습니다. 그렇다면 바쁜 현대인들도 선거권을 부여받을 수 없는 것이 아니냐고 반문하며, 시간적 여유는 선거권을 부여하는 기준이 될 수 없음을 보여준 것입니다.

잣대 확장하기는 상대측 논리에서 일관성이 부실한 부분을 드러내줍니다. 이 과정을 통해 청중은 상대가 자신들에게 유리한 판단 기준을 적용했음을 인식할 수 있습니다. 정리하자면, 토론자들은 상대가 내민 잣대를 다른 집단들에도 적용해

보아야 합니다. 만약 그 잣대에 따라 상식적이지 않은 결론이
나온다면 상대에게 질문해봅시다.

 "이건 왜 안 돼?"

29. 어쩔 수 없잖아?
: 대안 요구 물리치기

A 나라에 쌀을 파는 가게는 단 한 곳뿐입니다. 그래서 이 가게는 손님들에게 횡포를 일삼았습니다. 오래 참아왔던 손님들은 쌀의 품질이 안 좋아지고, 가격도 계속 오르자 결국 하나둘씩 항의하기 시작했습니다. 그런데 이 쌀가게 주인도 만만치 않습니다. 항의하는 손님들에게 말합니다.

"달리 쌀 파는 데도 없잖아? 군말하지 말고 그냥 사요!"

여러분이 손님이라면 쌀가게 주인의 말을 그대로 받아들일 수 있을까요? 아닐 겁니다. 쌀을 살 수 있는 다른 가게가 없다

는 것과 쌀가게 주인이 제공하는 서비스에 대한 평가는 전혀
상관이 없기 때문입니다. 그런데 토론에서는 쌀가게 주인의
논리가 자주 사용되곤 합니다. 대안이 없다는 이유로 문제가
있는 정책이나 상황을 마치 최선책인 것처럼 포장하는 것입니
다. 다음 예시를 보겠습니다.

 논제 동물원을 폐지해야 한다.

반대 측   동물원을 통해 우리는 동물들과 교류하고 교감할 수 있습니다. 동물
원이 없어지면 무엇으로 이러한 학습 기능을 대체할 겁니까? 대안이
없는 상태에서 동물원을 폐지하는 게 맞습니까?

 반대 측은 동물원이 지닌 학습 기능을 대체할 방안이 있냐
고 묻습니다. 그러나 위의 토론은 동물원 폐지의 당위성을 논
하는 것이지, 동물원의 기능을 무엇으로 어떻게 대체할 것인
지 의논하는 자리가 아닙니다. 따라서 찬성 측은 다음과 같이
반론할 수 있습니다.

반대 측   동물원을 통해 우리는 동물들과 교류하고 교감할 수 있습니다. 동물
원이 없어지면 무엇으로 이러한 학습 기능을 대체할 겁니까? 대안이
없는 상태에서 동물원을 폐지하는 게 맞습니까?

찬성 측   학습 기능을 대체할 방안이 없기 때문에 폐지하면 안 된다는 겁
니까?

반대 측	예.
찬성 측	본 토론은 동물원을 폐지해야 하는가를 다루고 있습니다. 대안이 없다는 논리 자체는 동물원을 폐지하지 말아야 하는 근거가 될 수 없습니다. 반대 측은 대안의 유무를 떠나 동물원 자체의 문제점에 대해 다뤄주셔야 합니다.

반대 측은 대안이 없다는 논리를 마치 근거처럼 사용하고 있습니다. 그러나 앞선 쌀가게의 예시처럼 대안 유무와 문제점은 별개로 판단되어야 합니다. 대안이 없다고 문제점을 받아들이라고 주장하는 것은 반대를 위한 반대일 뿐이며 토론의 의의를 부정하는 행동입니다. 따라서 상대측이 대안이 없다는 사실을 근거로 사용하려 할 때는 토론 논제를 다시 짚어줄 필요가 있습니다. 이번 토론의 목적은 대안을 찾는 것이 아니라고 이야기하며 청중의 관심을 '대안'에서 '논제 자체'로 옮기는 것입니다.

또한 '대안이 없기 때문에 반대한다'는 주장은 반대로 '대안이 있다면 찬성한다'고 해석할 수도 있습니다. 우리는 이 지점을 이용하여 상대에게 반박할 수도 있습니다. 다음과 같이요.

반대 측	동물원을 통해 우리는 동물들과 교류하고 교감할 수 있습니다. 동물원이 없어지면 무엇으로 이러한 학습 기능을 대체할 겁니까? 대안이 없는 상태에서 동물원을 폐지하는 게 맞습니까?
찬성 측	반대 측의 주장은 대안이 없으니 문제가 있는 동물원을 계속 유지하

찬성 측은 반대 측의 대안 요구를 역이용하고 있습니다. '동물원의 대안이 없다'는 논리를 '대안이 있다면 동물원을 폐지해도 된다'고 뒤집어 해석한 것입니다. 결국 반대 측은 동물원 폐지를 조건부 찬성하고 있다는 이미지를 얻었습니다.

"그럼 토론에서 대안을 요구하는 것은 잘못된 일인가요?"

물론 토론에서는 대안에 대한 논의가 이루어져야 합니다. 그러나 대안이 없다는 논리를 주장을 뒷받침하는 근거로 사용하면 안 됩니다. 문제에 대한 대안을 요구하는 것과 '대안이 없기 때문에 우리가 옳다'고 주장하는 것은 엄연히 다르기 때문입니다. 무엇보다 대안에 대한 논쟁이 의미 있고 건강한 논의가 이루어지지 못하게 토론의 흐름을 붙잡는 경우가 많습니다. 따라서 상대측이 계속해서 대안을 요구하며 시간을 질질 끈다면, 논의의 흐름을 토론의 주요 쟁점들로 유도해야 합니다.

이제 무례한 쌀가게 주인에게 외쳐봅시다.

"다른 쌀가게가 없다고 우리를 이렇게 막 대하면 안 되지!"

30. 무지의 베일
: 입장 바꿔 호소하기

옛날에 아주 넓은 땅을 지배하는 왕이 살았습니다. 왕에게 는 두 아들이 있었는데 형은 욕심이 많은 반면 동생은 심성이 고왔습니다. 시간이 지나 노인이 된 왕은 두 왕자에게 땅을 나 눠주기로 결심했습니다. 왕은 먼저 욕심 많은 형을 불러 말했 습니다.

"네가 공평하게 땅을 나눠보거라."

형은 신이 나 비옥하고 기름진 땅과 메마른 땅을 철저히 나 누어 경계선을 그었습니다. 동생에겐 메마른 땅만 주고 좋은 땅은 자신이 모조리 차지할 생각이었지요. 그러자 왕은 아우를 불러 말했습니다.

"네 형이 땅을 공평하게 나눴으니, 네가 먼저 선택하거라."

위의 이야기에서 형은 신이 나서 땅의 경계선을 나누었습니다. 아버지가 자신에게 땅을 나눠보라고 했으니 당연히 선택도 자기가 먼저 할 줄 알았을 겁니다. 그런데 세상에, 아버지가 동생 먼저 고르게 할 줄 누가 알았겠어요? 만약 아버지가 형에게 동생이 먼저 땅을 선택하게 될 것이라고 미리 이야기했다면 어땠을까요? 아마 최대한 공평하게 나누려 애썼을 것입니다. 이렇듯 자신이 불리한 위치에 처할지 모른다는 가정은 논제를 공정하게 바라보도록 도와줍니다.

토론에도 역지사지의 태도가 필요한 논제들이 있습니다. 동물실험, 안락사, 낙태처럼 윤리와 관련된 논제가 그렇습니다. 그러나 형이 땅의 경계선을 그은 것처럼 대부분은 사회적 약자의 입장에서 논제를 바라보기가 쉽지 않습니다. 이러한 상황에서 청중의 인식을 쉽게 바꿀 수 있는 방법이 바로 '무지의 베일'입니다.

무지의 베일이란 철학자 롤스가 사용한 단어인데요, 쉽게 풀이하면 사회 속의 내 위치가 상위층인지 하위층인지를 모르는 상태입니다. 학력이나 출신을 공개하지 않는 블라인드 테스트처럼 더 공정한 판단을 유도하는 것입니다. 그럼 무지의 베일이 나타난 예시를 보겠습니다.*

논제 동물실험은 금지되어야 한다.

찬성 측 반대 측은 왜 동물실험을 시행해야 한다고 생각하십니까?

반대 측 동물은 동물이고 인간은 인간이기 때문입니다. 필연적으로 이루어
져야 하는 일이라면 인간보다는 동물이 희생되는 게 맞죠.

찬성 측 그럼 가정 하나를 해보겠습니다. 어떤 외계인이 인간에게 잔인한 실
험을 하고 있습니다. 그 외계인은 말합니다. "너희는 인간이고 우리
는 외계인이야. 우리를 위해 너희가 희생되는 게 맞아." 반대 측은
이 논리를 받아들일 수 있습니까?

반대 측 ….

　　반대 측의 주장은 동물권에 대한 토론에서 자주 나타나는
논리입니다. 사람과 동물 간 종의 차이를 통해 인간의 효용을
위해 동물들을 희생시키는 일을 정당화하는 것입니다. 찬성
측은 무지의 베일을 통해 '동물 대 인간'의 상황을 '인간 대 외
계인'의 상황으로 바꾸어 제시했습니다. '너희는 동물이고 우
리는 인간이야'라는 논리를 역지사지의 태도로 바라보도록 유

* 최훈, 『라플라스의 악마, 철학을 묻다』, 뿌리와이파리, 2016.

도한 것입니다.

무지의 베일은 약자의 권리와 윤리적 가치를 더 설득력 있게 주장하게 해줍니다. 내가 어디에 있을지 모른다는 가정을 통해 약자의 입장을 체험하게 해주기 때문입니다.

특히 무지의 베일은 가치 논제에서 사회적인 합의가 필요한 규칙을 논할 때 효과적입니다. 가령 사회적 약자의 권리를 다루는 논제라면 "당신이 사회적 약자가 될지 일반 시민이 될지 모르는 상태라면 당신은 스스로 제시한 규칙에 동의할 수 있습니까?"라고 질문할 수 있습니다. 만약 사회 구성원 모두가 동의하지 못하는 규칙이라면 그 규칙은 보편타당하지 않음을 지적할 수 있는 것이지요.

이처럼 무지의 베일은 자기중심적으로 판단하는 경향을 완화할 수 있습니다. 자신이 약자의 입장에 선다고 가정해봄으로써 더 공정하게 판단하도록 하는 것입니다.

31.   정비하면 괜찮다?
     : 보완 논리 격파하기

철수가 중고차 시장에 왔습니다. 딜러가 철수에게 중고차 하나를 소개해주고 있네요.

딜러   정말 싸고 괜찮은 물건입니다.

철수   어? 그런데 여기 나사 하나가 빠져 있는데요?

딜러   아… 이건 다시 끼우면 돼요. 걱정하지 않으셔도 됩니다.

철수   핸들도 잘 안 돌아가는데요?

딜러   (당황하며) 핸들도 저희가 서비스로 다 바꿔드립니다.

철수   라이트도 잘 안 켜지는 것 같은데….

딜러   저희가 카센터에서 한번 싹 정비할 테니 그냥 사세요. 다시는 이 가격 못 보실 수도 있어요.

철수   아… 죄송합니다. 그건 어렵겠어요.

딜러가 소개해준 중고차는 여기저기 문제점이 많습니다. 철수가 문제점을 하나하나 지적하자 결국 딜러는 자동차를 정비해줄 테니 그냥 사면 어떠냐고 제안합니다. 지금은 문제점이 있지만 보완하면 괜찮지 않냐는 것입니다.

토론에서도 딜러의 논리가 자주 등장하는데요, 상대가 지적한 문제점들에 대해 수정하고 보완하면 해결된다고 주장하는 것을 '보완 논리'라고 말합니다. '수정과 보완'을 마치 모든 문제점을 치유하는 마법의 단어처럼 사용하는 것이죠.

상대가 보완 논리를 들고 나왔을 때 우리는 어떻게 대응해야 할까요? 세 가지 대응법을 소개하겠습니다.

첫째, 구체적인 방법을 질문하자!

문제를 지적했는데 상대가 '수정과 보완'이라는 말로 어물쩍 넘어가려 할 때, 우리는 구체적인 보완 방법을 질문해야 합니다. 상대가 제대로 된 해결책도 없이 주요 쟁점을 넘기려 한다는 사실을 토론장에서 드러내는 것입니다.

논제 수술실에 CCTV 설치를 의무화해야 한다.

반대 측   환자들의 환부가 적나라하게 노출된 수술실 CCTV 영상이 자극적이고 흥미로운 부분만 강조되어 유출될 우려가 있습니다.

찬성 측   우리나라는 IT 기술 강국입니다. 유출 위험성은 내부망을 보완하여 해결할 수 있습니다. 만약 이 문제가 해결된다면 반대 측은 수술실 CCTV 설치에 찬성하시는 건가요?

    반대 측은 수술실 CCTV 영상이 유출될 수 있다는 문제를 제기했습니다. 찬성 측은 내부망을 보완하여 문제를 해결할 수 있다는 보완 논리를 펴고 있습니다. 그러나 찬성 측의 발언을 유심히 살펴보면 구체적인 실현 방법이 빠져 있습니다. 따라서 반대 측은 상대가 영상 유출이라는 큰 문제를 어물쩍 넘어가려 한다는 점을 지적해야 합니다.

반대 측   환자들의 환부가 적나라하게 노출된 수술실 CCTV 영상이 자극적이고 흥미로운 부분만 강조되어 유출될 우려가 있습니다.

찬성 측   우리나라는 IT 기술 강국입니다. 유출 위험성은 내부망을 보완하여 해결할 수 있습니다. 만약 이 문제가 해결된다면 반대 측은 수술실 CCTV 설치에 찬성하시는 건가요?

반대 측   내부망 보완을 통해 문제를 해결할 수 있다고 하셨는데, <u>구체적으로 어떻게 보완하실 겁니까?</u>

    찬성 측이 보완 논리를 통해 '영상 유출 가능성'이라는 논점을 회피하고 있습니다. 반대 측은 이 사실을 눈치채고 구체적인 보완 방법을 물으며 상대를 압박하고 있지요. 이렇듯 상대가 추상적인 해결책을 제시한다면, 우리는 상대에게 제대로 된 해결책이 없다는 사실을 드러내야 합니다. 청중이 '저 팀은 구체적인 실현 방법도 없으면서 무조건 보완하면 된다고 하네.'라고 생각하도록 유도하는 것입니다.

둘째, 문제를 인정했다는 사실을 짚어주자!

'문제를 수정하면 된다.'라는 문장에는 한 가지 전제가 숨어 있습니다. 바로 '문제점이 존재한다'는 것입니다. 따라서 상대가 '수정과 보완'이라는 단어를 사용했을 때, 상대가 우리 측이 지적한 문제를 인정한 셈이라는 사실을 짚어줄 필요가 있습니다. 앞서 다룬 수술실 CCTV 설치 의무화 토론의 다른 장면을 보겠습니다.

찬성 측 최근 의사 자격이 없는 사람들이 대리 수술을 진행하는 사건이 많이 발생했습니다. 수술실 CCTV로 대리 수술 문제를 예방할 수 있을 것입니다.

반대 측 의사협회가 자정하기 위해 노력할 것을 약속한 상황입니다. 수술실에 CCTV를 설치하지 않아도 대리 수술에 대한 징계를 강화하는 등 보완하면 해결할 수 있을 것입니다.

찬성 측 대리 수술 문제를 보완할 방법으로 의료계의 자정적 노력을 말씀해

반대 측은 대리 수술 문제를 해결할 방법으로 의사협회의
자정 노력을 제시했습니다. 하지만 노력하여 자정하면 된다는
말은 곧 해결하기 위해 노력해야 하는 문제가 있다는 말로 해
석할 수 있습니다. 즉 보완책을 이야기하는 순간, 반대 측은 대
리 수술 문제가 심각하다는 사실에 동의하게 된 것이죠. 이에
찬성 측은 상대가 대리 수술 문제의 심각성을 인정했음을 강
조할 수 있었습니다.

이처럼 문제에 대한 상대측의 동의를 받아놓으면 우리 측
논리 전개가 수월해집니다. 더 이상 문제를 입증하지 않고, '왜
문제를 우리 측 주장으로 해결해야 하는가?'에만 집중하면 되
기 때문입니다. 따라서 상대측이 '수정과 보완'이란 키워드를
활용한다면, 우리는 상대측도 문제에 동의했다는 사실을 짚어
주어야 합니다.

셋째, 수정하고 보완해도 소용없었다고 이야기하자!

한 가지 사례를 들어보겠습니다. 동욱이와 민서가 약속을
잡았습니다. 그런데 민서가 약속 시간에 늦고 말았습니다.

동욱	민서야! 너 왜 지금 와?
민서	미안해. 다음에는 안 늦을게.
동욱	너 저번에도 그렇게 이야기했잖아.
민서	이번에는 진짜야!

민서는 지각하는 게 습관인 듯합니다. 아무리 다시는 지각하지 않겠다고 약속해도 동욱이는 믿지 않지요. 민서의 지각은 계속 반복되어온 문제이기 때문입니다.

토론 주제로 제기되는 문제들도 마찬가지입니다. 단순히 일이 년 새에 새로 등장한 문제가 아니라 우리 사회에 깊숙이 뿌리박힌 문제일 가능성이 큽니다. 따라서 상대가 수정·보완하여 문제를 해결할 수 있다고 주장한다면, 우리는 문제가 상당히 고질적임을 강조해주어야 합니다. 다시 수술실 CCTV 의무화 토론의 예시를 보겠습니다.

반대 측	의사협회가 자정하기 위해 노력할 것을 약속한 상황입니다. 수술실에 CCTV를 설치하지 않아도 대리 수술에 대한 징계를 강화하는 등 보완하면 해결할 수 있을 것입니다.
찬성 측	대리 수술 문제를 자체적인 노력과 징계 강화를 통해 해결할 수 있다고 말씀하셨는데요, 수술실 CCTV 설치 의무화 법안이 처음으로 발의된 것이 2015년입니다. <u>그때부터 지금까지 대리 수술 사건이 발생할 때마다 의료계는 자정하겠다고 약속했지만 나아지지 않았습니다.</u>

찬성 측은 그간 여러 노력이 있었음에도 대리 수술 문제가 해결되지 않았다고 말합니다. 이렇게 문제의 역사적 배경을 제시하면 청중은 '보완하면 된다'는 상대의 말을 신뢰할 수 없게 됩니다. 마치 매번 다음에는 정말 지각하지 않겠다고 약속하는 민서를 바라보는 동욱이처럼요.

또한 급진적인 해결책이 논제로 주어졌을 때 문제의 역사적 배경을 강조하면 우리 측 주장에 정당성이 생깁니다. 상대가 온건한 대안들을 제시할 때, 그러한 대안들은 소용없었다며 급진적인 해결책이 아니면 안 된다고 설득하는 것입니다.

"그럼 토론에서는 보완 논리를 활용하면 안 되나요?"

그렇지 않습니다. 다만 청중이 '어? 저 방법이 더 좋은 것 같은데?' 생각하도록 구체적인 실현 방안을 함께 제시하는 것이 좋습니다. 또한 그동안 문제점을 해결하기 위한 노력이 없었다는 사실을 활용할 수 있습니다. 다음 예시를 보겠습니다.

논제 전동 킥보드를 폐지해야 한다.

찬성 측 킥보드로 인해 발생하는 교통사고가 늘고 있습니다. 두 명 이상 킥보드에 탑승하거나 무면허 운전을 하는 등 사용자들이 안전 수칙을 지키지 않기 때문입니다.

반대 측 맞습니다. 그렇지만 지금까지 안전 수칙을 위반한 사람들을 엄벌하 반대 측은 개선 노력이 없었던 상황에서 전동 킥보드를 폐지하는 것은 옳지 않다고 주장합니다. 이렇게 되면 전동 킥보드를 폐지해야 한다는 주장의 정당성이 약해지죠. 이처럼 보완 노력이 없었던 문제를 다루는 논제에서는 보완 논리가 효과적으로 작용할 수 있습니다. 따라서 토론자들은 토론을 준비하며 문제를 해결하기 위해 시도되었던 다양한 정책 사례를 수집하고 그 정책들이 왜 실패했는지를 조사할 필요가 있습니다.

그럼 보완 논리에 대응할 수 있는 세 가지 방법을 정리해보겠습니다.

첫째, 구체적인 방법을 질문하자!
둘째, 문제를 인정했다는 사실을 짚어주자!
셋째, 수정하고 보완해도 소용없었다고 이야기하자!

32. 제육볶음 잘 드시던데요?
: 인신공격에 대처하는 자세

    중학생 시절, '동물실험 금지'를 주제로 했던 토론의 일부입니다. 앞서 「오픈 게임」에서도 말씀드린 이야기입니다.

 동물실험을 금지해야 한다.

찬성 측   동물들도 아픔을 느낍니다. 잔혹한 동물실험은 금지되어야 합니다.

반대 측   잘 들었습니다. 그런데 오늘 급식 메뉴가 뭐였는지 기억하시나요?

찬성 측   제육볶음이었죠….

반대 측	동물들이 아파할 거라고 걱정하시는 분이 아까는 제육볶음 잘 드시던데요?
반 전체	(웃음)

　‘동물실험을 금지하자는 사람이 육식을 하는 것은 모순’이라는 반대 측의 주장은 언뜻 논리적인 것처럼 보입니다. 그러나 자세히 살펴보면, 반대 측은 찬성 측이 주장한 ‘동물들의 아픔’에 대해 반박하지 않았습니다. 대신 ‘제육볶음을 먹으면서 동물들의 아픔을 말하는’ 찬성 측 토론자의 비일관성을 지적하고 있죠.

　‘말’ 자체가 아니라 그 말을 하는 ‘사람’을 비하하는 것은 대표적인 논리 오류입니다. 토론자의 비일관성을 드러내어 설득력을 잃게 하는 것을 ‘인신공격의 오류’라고 부릅니다.

　인신공격의 오류는 실전 토론에서도 자주 보이는데요, 실제로 2021년 〈대한민국 열린 토론대회〉 고등부 결승전에서는 다음과 같은 장면이 펼쳐지기도 하였습니다.

💬 논제　정당 가입 가능 연령을 16세로 인하해야 한다.

반대 측	현재 국무총리가 누구인지 아십니까?
찬성 측	잘 모르겠습니다.
반대 측	이 토론에 나올 정도면 정치에 관심 많은 학생이겠지요. 이런 학생

반대 측은 찬성 측에게 현 국무총리의 이름을 물으며 학생들이 정치적으로 무관심하다고 주장했는데요, 이에 제대로 대답하지 못하고 당황하는 찬성 측의 모습이 청중에게 큰 인상을 남겼습니다. 별다른 근거 자료를 제시하지 않았는데도요. 따라서 우리는 인신공격에 말려들지 않기 위해서 그 논리 구조와 극복 방법을 알아둘 필요가 있습니다.

그럼 상대가 인신공격을 할 때, 어떻게 대처해야 할까요? 크게 세 가지입니다.

첫째, 부당함을 알린다.

상대의 논증 구조가 올바르지 않다고 직접적으로 이야기하는 방법입니다. 상대측이 논의의 핵심은 건드리지 않고 토론자를 비난하는 방식으로 토론에 임하고 있다고 지적하는 거죠. 상대의 논리가 어떤 점에서 잘못되었는지 설명해줌으로써 인신공격에 묘하게 설득되었던 청중에게 부당함을 이해시킬 수 있습니다.

앞선 동물실험의 예를 통해 '부당함 알리기' 전략을 보여드리겠습니다.

반대 측	동물들이 아파할 거라고 걱정하시는 분이 아까는 제육볶음 잘 드시던데요?
찬성 측	'동물들의 아픔'에 대해 반박하지 않고, 토론자의 비일관성을 지적하여 동물실험의 정당성을 주장하는 것은 논리적 오류입니다. 저를 비판하지 마시고 제가 말씀드린 논리를 반박해주시기 바랍니다.

찬성 측은 '부당함 알리기'를 통해 인신공격 전략의 구조를 드러냈습니다. 이렇게 상대측이 어떤 논리적 오류를 범했는지 이야기해준다면, 논리의 설득력을 유지하면서도 토론장의 흐름을 우리 쪽에 유리하게 끌고 올 수 있습니다. 또한 말꼬리 잡기에서 벗어나 핵심 쟁점인 '동물들의 아픔'에 집중하며 더 건강한 토론 분위기를 형성하는 데 도움이 됩니다.

둘째, 반전시킨다.

인신공격은 '언행불일치'를 활용하는 경우가 많습니다. 상대의 행동이 본인들의 주장과는 영 딴판이라고 지적하는 것입니다. 앞서 '동물실험 금지' 토론에서는 동물의 아픔을 걱정한다면서 육식을 했다고, '정당 가입 연령' 토론에서는 청소년이 정치적으로 충분히 성숙하다고 주장하는 사람이 우리나라 국무총리 이름도 모른다고 공격했죠.

그러나 인신공격은 본질적으로 토론자 개인의 행동을 일반화한다는 한계를 지닙니다. 찬성 측 토론자가 국무총리의 이름을 모른다고 비슷한 나이대의 학생들은 모두 정치적으로 무관심하다고 결론 내릴 수 있을까요(「15. 하나를 보면 열을 안다?: 성급한 일반화의 오류」)? 이럴 때 우리는 '만약 그렇게 하지 않았다면'이라고 가정함으로써 상대의 논증이 잘못되었음을 드러낼 수 있습니다. 동물실험의 예를 다시 보겠습니다.

반대 측 동물들이 아파할 거라고 걱정하시는 분이 아까는 제육볶음 잘 드시던데요?

찬성 측 만약 제가 채식을 했다면, 동물실험 금지는 정당한가요?

찬성 측이 '만약 육식을 하지 않았다면?'이라고 가정함으로써 인신공격의 오류를 지적하고 있습니다. 동물실험 금지의 당위성을 특정 개인의 행동 방식만 보고 판단할 수는 없는 것입니다.

한 번 더 해보겠습니다. 앞서 제시된 '정당 가입 연령 인하' 토론에서의 상황입니다.

반대 측 이 토론에 나올 정도면 정치에 관심 많은 학생일 텐데도 현재 국무총리가 누구인지 모르고 있습니다. 학생들의 정치적 무관심이 이렇게 심각합니다.

찬성 측 만약 제가 국무총리의 이름을 알았다면, 학생들은 정치적으로 성숙하다고 인정하셨을 겁니까?

찬성 측 토론자 한 사람이 국무총리의 이름을 아느냐 모르느냐가 전체 학생의 정치적 성숙도를 파악하는 기준이 될 수는 없습니다. '반전시키기'는 이처럼 인신공격의 논증 구조가 얼마나 허술한지 보여줍니다. 이를 통해 청중은 인신공격에 감정적으로 동요하지 않고 논제를 이성적으로 접근하게 됩니다.

셋째, 비유를 활용한다.

이미 청중이 인신공격에서 깊은 인상을 받은 상태라면, 설명만으로는 충분하지 않을 수 있습니다. 이럴 때는 비유나 일화를 함께 제시하면 좋습니다. 가장 많이 사용되는 '살인범의 면책특권' 일화를 사용해보겠습니다.

반대 측   동물들이 아파할 거라고 걱정하시는 분이 아까는 제육볶음 잘 드시던데요?

찬성 측   [인신공격 비유] 살인 전과가 있는 사람이 폭행을 저질렀습니다. 그런데 경찰이 살인까지 했는데 폭행 정도는 눈감아주자고 말합니다. 과연 이것을 옳다고 할 수 있을까요?
[구조적 부당함] 반대 측 주장도 이와 마찬가지입니다. 육식을 했으니 동물실험은 봐주자는 말씀이나 다를 바가 없어요. 토론자 개인의 비일관성을 이유로 동물실험이 옳다고 생각하는 논리적 오류입니다. 저를 비판하지 마시고 제가 말씀드린 논리를 반박해주시기 바랍니다.

그럼 인신공격의 오류를 극복하는 세 가지 방법을 정리해보
겠습니다.

첫째, 부당함 알리기
둘째, 반전시키기
셋째, 비유 활용하기

33 만약에 말야
: 가정을 통한 반박

MBTI 테스트가 유행입니다. 그중 감각(N)과 직관(S) 성향을 뚜렷하게 구분할 수 있는 질문이 온라인에서 화제가 되었는데요, 바로 '만약에'라고 말하는 습관입니다.

직관형(N)　네가 만약 프랑스에 갔어. 그럼 어떻게 할 거야?

감각형(S)　나는 프랑스에 갈 계획이 없는데?

직관형(N)　아니 갔다고 치고 어떻게 할 거냐고!

감각형(S)　가본 적이 없는데 내가 어떻게 알아?

직관형은 상상력이 풍부하지만, 감각형은 미래보다 현실을 중시하는 성격을 지니고 있습니다. 어떤 상황을 가정하여 질문할 때 두 성향의 차이가 두드러지는데요, 직관형은 겪어보지 않은 상황을 두고도 여러 가지 상상을 하는 반면, 감각형은 현실적이지 않은 가정 자체를 이해하지 못합니다.

특정한 상황을 가정하여 반박하는 토론자들이 종종 있습니다. 실제로 많은 토론에서 "만약 이렇게 된다면 어떻게 하실 겁니까?"라는 질문을 심심치 않게 들을 수 있지요. 이럴 때 우리는 감각형의 자세로 상대측이 가정한 상황의 실현 가능성이 얼마나 되는지 질문할 수 있습니다. 만약 상대가 가정한 상황이 너무도 잘 짜여 있다면 아예 청중의 주의를 돌리는 것도 좋은 전략입니다.

그럼 상대측이 상황을 가정할 때 펼 수 있는 두 가지 전략을 살펴보겠습니다.

첫째, 실현 가능성을 지적한다.

 논제 선의의 거짓말은 윤리적이다.

찬성 측　범죄자에게 쫓기는 사람이 있습니다. 그는 도망치다 갈림길을 만나 왼쪽 길로 들어갔습니다. 이윽고 범죄자가 나타나 그가 어느 쪽으로 도망쳤는지 묻습니다. 만약 우리가 그 사람을 살려주기 위해 오른쪽으로 도망쳤다고 거짓말을 한다면, 그게 잘못인가요?

찬성 측은 윤리적 딜레마 상황을 제시하며 선의의 거짓말이 나쁘지 않다고 설득하고 있습니다. 이렇듯 토론에서는 보통 자신의 논리를 더 수월하게 전개하기 위해 특수한 조건들로 가상의 상황을 구성하는 경우가 많습니다. 따라서 우리는 '근데 그런 상황이 자주 있나요?'라고 질문할 수 있습니다.

찬성 측　　범죄자에게 쫓기는 사람이 있습니다. 그는 도망치다 갈림길을 만나 왼쪽 길로 들어갔습니다. 이윽고 범죄자가 나타나 그가 어느 쪽으로 도망쳤는지 묻습니다. 만약 우리가 그 사람을 살려주기 위해 오른쪽으로 도망쳤다고 거짓말을 한다면, 그게 잘못인가요?

반대 측　　우리가 누군가의 목숨을 살리기 위해 거짓말을 해야 하는 상황이 얼마나 많이 올까요? 일상생활에서 이루어지는 선의의 거짓말은 찬성 측이 가정한 상황보다는 그저 한쪽에서 '선의'라 규정짓고 가볍게 행하는 경우가 더 많습니다.

반대 측은 찬성 측이 제시한 상황은 보편적이지 않다고 반박했습니다. 이로써 찬성 측이 파놓은 함정을 벗어나 토론의 흐름을 다시 가져올 수 있었죠. 이렇듯 상대가 어떤 상황을 가정한다면, 개연성이 있는지, 보편적으로 실현 가능한 상황인지를 검토해볼 필요가 있습니다. 상대측에게 유리하게 설정된 사례들은 상황 자체를 정면 반박하기가 쉽지 않기 때문입니다. 따라서 상대가 가정한 상황 속으로 들어가기보다는 그 상황 자체가 확률적으로 희박하다는 사실을 강조해주는 것이 좋습니다.

둘째, 주의를 돌린다.

상대가 가정한 상황이 충분히 보편적이고 실현 가능한 경우가 있습니다. 이럴 때엔 청중의 주의가 그 상황에 오래 머물도록 놔두면 안 됩니다. 다른 상황에 초점을 맞추도록 주의를 환기해주는 것이 좋습니다.

 선의의 거짓말은 윤리적이다.

찬성 측   실제로 우린 일상생활에서 좋아하는 누군가를 배려하기 위해 자신의 음식 취향이나 좋아하는 영화를 속이고는 합니다. 이런 거짓말도 나쁜가요?

이번에는 찬성 측이 극단적인 사례가 아니라 일상생활 속 보편적인 예시를 들고 나왔습니다. 실현 가능성을 지적하는 것만으로는 이런 상황을 벗어나기가 쉽지 않아 보입니다. 또한 찬성 측이 제시한 상황을 정면 반박할 말도 떠오르지 않습니다. 이럴 때 반대 측은 찬성 측이 제시한 사례로부터 청중의 주의를 돌리며 반박할 수 있습니다.

찬성 측   실제로 우린 일상생활에서 좋아하는 누군가를 배려하기 위해 자신의 음식 취향이나 좋아하는 영화를 속이고는 합니다. 이런 거짓말도 나쁜가요?

반대 측   찬성 측이 제시한 상황들 외에 비윤리적인 예시들도 존재합니다. 반대로 묻겠습니다. 2022년에 방영된 드라마 〈안나〉에서 주인공 안나는 부모님의 기대에 부응하기 위해 명문대에 입학했다고 거짓말을 합니다. 이런 선의의 거짓말은 옳은 것인가요?

반대 측은 찬성 측이 제시한 상황과 다른 사례를 제시하며 청중의 주의를 환기합니다. 이로써 청중은 앞서 제시된 상황이 찬성 측에게만 유리하게 짜여 있으며, 그 이외의 상황도 존재한다는 것을 알 수 있겠지요.

이렇게 반박할 수 있는 이유는 가정에 의한 논리 전개 자체가 근본적으로 귀납적 추론의 한계를 지니고 있기 때문입니다. 사례 중심의 논리를 반박하는 방법은 이 책의 '블랙 스완 찾기'와 '크로커다일 공격' 편에 더 자세히 다뤄두었습니다.

34. Zoom-in, Zoom-out
: 확대해석 잡아내기

민서와 세승이가 함께 영화를 봤습니다. 서로 감상평을 나누고 있네요.

세승	영화 정말 재미있다. 기대하고 볼 만했어.
민서	맞아. 그런데 중간에 주인공이 조금 답답하지 않았어?
세승	뭐? 재미없었으면 그냥 재미없었다고 말해.
민서	(당황하며) 왜 그래…? 중간에 조금 답답한 장면이 있었다고 말한 것뿐이야.

세승	다시는 너랑 영화 안 볼 거야.
민서	?

세승이는 주인공이 답답했다는 민서의 말을 '영화가 재미없었다'는 뜻으로 확대해석합니다. 민서는 영화에서 마음에 들지 않는 장면을 이야기했을 뿐인데, 이것을 영화의 전체적인 감상평으로 받아들인 것이지요.

토론에서도 자신에게 유리한 흐름을 만들기 위해 상대의 발언을 확대해석하는 경우가 많습니다. 특정 단어의 범위를 확대하거나, 어떤 대상의 특징을 과장하여 반박하는 경우가 대표적인 예입니다. 확대해석이 무서운 이유는 우리 측에 상대가 의도한 부정적인 프레임이 씌워지기 때문입니다. 그럼 상대의 발언을 확대해석한 실제 토론 사례를 보겠습니다.

논제	배달 앱 내 별점 제도를 폐지해야 한다.
찬성 측	별점 제도를 악용하여 사장님들에게 무리한 요구를 하는 소비자들이 있다는 사실을 아십니까?
반대 측	네. 알고 있습니다.(원래 발언)
찬성 측	이렇게 사장님들의 피해가 극심한 상황인데도 별점 제도를 유지해야 한다고 생각하시는 거죠?
반대 측	아니 그게 아니라….

찬성 측	'네' 또는 '아니오'라고 답해주세요.
반대 측	예. 유지해야 한다고 생각합니다.
찬성 측	그럼 별점 테러로 피해를 입는 사장님들을 모른 체하시겠다는 거네요. (확대해석) 과연 그것이 옳은 일일까요?

찬성 측은 반대 측이 '별점 제도 악용 사례를 알고 있다'는 사실을 '피해를 입은 사장님들을 외면한다'고 확대해석했습니다. 이로써 반대 측에는 악성 소비자들을 옹호하는 매정한 사람들이라는 프레임이 씌워졌습니다. 반대 측의 발언을 확대해석하여 청중과 심사위원에게 부정적인 인상을 심어준 것입니다.

"그럼 상대의 확대해석을 어떻게 극복할 수 있나요?"

가수 제시의 노래 〈ZOOM〉에 이런 가사가 있습니다.

"Zoom in (uh-huh), zoom out (okay)"

카메라를 줌인(zoom in)했다가 다시 줌아웃(zoom out)하는 것을 묘사한 가사입니다. 확대해석을 극복하는 방법도 이와 같습니다. 상대가 줌인했다면, 우리 측은 줌아웃하여 확대해석에서 벗어나야 합니다. 구체적인 발언 구성은 다음과 같습니다.

> "저희는 [상대측이 확대해석한 내용]을 이야기한 적이 없습니다.
> 저희가 이야기하고자 한 것은 [원래 발언]입니다."

상대가 우리 측 발언을 확대해석한다면, 발언을 재해석하는 과정을 해체하여 보여줘야 합니다. 이로써 청중은 우리 측 발언의 본래 의도를 이해할 수 있습니다. 앞서 보여드린 확대해석 사례에 줌아웃 기법을 사용해보겠습니다.

찬성 측   별점 제도를 악용하여 사장님들에게 무리한 요구를 하는 소비자들이 있다는 사실을 아십니까?

반대 측   네. 알고 있습니다.

찬성 측   이렇게 사장님들의 피해가 극심한 상황인데도 별점 제도를 유지해야 한다고 생각하시는거죠?

반대 측   아니 그게 아니라….

찬성 측   '네' 또는 '아니오'라고 답해주세요.

반대 측   예. 유지해야 한다고 생각합니다.

찬성 측   그럼 별점 테러로 피해를 입는 사장님들을 모른 체하시겠다는 거네요. 과연 그것이 옳은 일일까요?

반대 측   저희는 피해를 입는 사장님들을 모른 체하겠다고 발언한 적이 없습

반대 측은 찬성 측의 확대해석을 하나하나 해체하여 나열하고 있습니다. '피해를 입는 사장님들을 무시한다'는 상대측의 확대해석을 '피해 사례를 알고 있다'는 뜻이었다고 정정한 것입니다. 이렇게 반대 측은 찬성 측이 의도한 프레임에서 벗어납니다. 청중은 반대 측의 본래 의도를 통해 찬성 측이 발언을 확대해석했다는 사실을 인지하게 되었지요.

상대가 우리 측의 발언을 재해석한다면, 토론자들은 그 해석이 우리 측에서 받아들일 수 있는 것인지를 검토해야 합니다. 만약 상대가 발언의 의도를 자신들에게 유리하게 왜곡한다면, 정정하며 원래 의도를 강조해주어야 합니다. 다 함께 찍은 단체 사진에서 한 사람을 확대하면 엽기사진이 완성되듯, 확대해석은 우리가 의도하지 않은 결과를 초래할 수 있기 때문입니다.

우리 측의 발언을 확대해석하려는 상대에게 이렇게 외쳐봅시다.

"Zoom in (uh-huh), zoom out (okay)!"

35.　많으면 다냐?
: 다수결 논리 반박법

　수많은 토론자가 설문조사를 기반으로 '절반 이상의 사람들이 찬성 혹은 반대했다'고 발언합니다. 그러므로 다수결 원칙에 따라야 한다는 주장을 '다수결 논리'라고 합니다.

　상대가 다수결 논리를 활용할 때, 우리는 어떻게 반박해야 할까요? 다섯 가지 방법을 알아보겠습니다.

방법1. 직접 차이를 계산해보자.

　교장 선생님이 학예회를 맞아 각 반에 피자를 쏘기로 했습니다. 어떤 피자를 돌려야 할지 고민하던 중 영양사 선생님이 말합니다.

"제가 몇몇 학생들을 대상으로 설문조사를 진행해보았는데요, 75퍼센트의 학생이 파인애플 피자를 먹자고 했습니다. 나머지 25퍼센트만이 불고기 피자를 먹자고 했고요. 무려 50퍼센트나 차이가 납니다."

교장 선생님은 의아했습니다. 학생들이 파인애플 피자를 좋아할 리가 없다고 생각했기 때문입니다. 그래서 교장 선생님은 영양사 선생님께 물었습니다.

"혹시 몇 명의 학생들을 대상으로 질문하셨죠?"

영양사 선생님은 망설임 없이 대답했습니다.

"네 명이요!"

영양사 선생님의 설문조사 결과는 파인애플 피자 3표, 불고기 피자 1표입니다. 50퍼센트나 되어 보이는 여론의 격차가 사실은 단 두 명 차이에 불과한 것입니다.

설문조사가 통계적으로 유의하려면 적절한 표본크기가 보장되어야 합니다. 그러나 토론자들은 종종 적은 표본크기를 퍼센트(%)를 활용해 숨기고는 합니다. 앞서 영양사 선생님이 피자에 찬성한 세 명이란 인원을 75퍼센트로 표현한 것처럼 말이지요. 이렇듯 퍼센트는 양적 크기를 제대로 반영하지 못한다는 한계가 있습니다. 따라서 토론자들은 상대가 표본크기가 작은 설문조사를 근거로 제시할 때, 설문조사의 대표성이 떨어진다며 반론할 수 있습니다.

"그렇다면 적절한 표본크기는 어느 정도인가요?"

논제에서 다루는 사회 문제의 모집단에 따라 적절한 표본크기는 달라집니다. 예를 들어, 우리 반 30명의 의사결정을 위해 25명을 대상으로 표본 조사를 했다면, 25명은 우리 반의 의견을 대표하기에 충분한 표본크기입니다. 그러나 전교생 600명의 의견을 대표하기 위해 우리 반 25명을 대상으로 설문조사를 진행했다면 어떨까요? 아마 영양사 선생님처럼 전교생이 파인애플 피자를 좋아한다고 판단하게 될지도 모릅니다. 따라서 설문조사를 통해 국민 여론을 주장하기 위해서는 표본크기가 최소 1000명 이상인 설문조사를 인용하는 것이 좋습니다. 실제로 우리나라 공직선거법에서도 국민 여론을 읽는 대통령선거 여론조사에서는 표본크기가 최소 1000명 이상 되어야 함을 법으로 규정하고 있습니다.

그러나 토론자들은 종종 표본크기가 작은 설문조사를 무심코 인용하곤 합니다. 이러한 설문조사는 조사 방법과 과정이 적절하더라도 근본적으로 국민 여론을 대표하기엔 대표성이 떨어진다는 한계를 지니고 있습니다.

"그럼 표본크기가 작은 설문조사의 한계를 어떻게 쉽게 전달할 수 있을까요?"

많은 토론자가 "표본크기가 작으므로 이 설문조사는 일반

화할 수 없습니다!"라는 말로 설문조사의 대표성을 지적하고
는 합니다. 청중을 설득하기엔 밋밋하고 부족한 표현입니다.
청중이 '그래도 저 정도면 충분한 것 같은데?'라고 생각할 수
있기 때문입니다. 따라서 여론의 격차를 실제 표본 차이로 계
산하여 제시함으로써 설문조사의 부족한 대표성을 전달하는
것이 좋습니다.

실제 토론의 사례를 보겠습니다.

'착한 사마리아인 법' 제정에 대한 국민여론

잘모름
7.1%

찬성
53.8%

반대
39.1%

전체 응답자
524명

논제 착한 사마리아인 법을 제정해야 한다.

찬성 측 524명을 대상으로 한 리얼미터 설문조사에서 찬성이 53.8퍼센트,
반대가 39.1퍼센트로 찬성이 약 14퍼센트나 더 많았습니다.

반대 측 524명은 너무 작은 표본크기입니다. 우리나라 5000만 국민의 의견
을 대표할 수 없습니다!

착한 사마리아인 법에 대해 찬성 측 입장이 우세했다는 설문조사는 찬성 측에게 매우 매력적인 자료입니다. 그러나 표본의 크기가 524명밖에 되지 않아 국민 여론을 대표하기에는 부족한 상황입니다. 이에 반대 측은 표본의 대표성을 지적하고 있지만, 청중을 설득하기엔 어딘가 부족해 보입니다. 일부 청중은 524명도 충분히 유의한 숫자라 생각하기 때문입니다.

그렇다면 이번엔 반대 측 반론을 바꿔보겠습니다.

찬성 측 524명을 대상으로 한 리얼미터 설문조사에서 찬성이 53.8퍼센트, 반대가 39.1퍼센트로 찬성이 약 14퍼센트나 더 많았습니다.

반대 측 524명이라는 표본크기는 너무 작습니다. 실제로 찬성과 반대의 격차가 14퍼센트나 벌어져 있다고 하셨는데, 표본크기를 반영하여 계산하면 이는 73명 차이에 불과합니다. 과연 73명 우세를 가지고 우리나라 국민 대다수가 착한 사마리아인 법에 찬성한다고 볼 수 있을까요?

반대 측은 찬성과 반대의 격차인 14퍼센트를 실제 표본크기로 계산하여 제시했습니다. 비율로 제시되었던 14퍼센트는 생각보다 큰 숫자가 아니었습니다. 찬성 측이 제시한 설문조사의 표본크기 자체가 작았기 때문입니다. 반대 측은 찬반 여론의 실제 차이를 비율이 아닌 인원으로 제시함으로써 상대가 제시한 설문조사의 대표성이 부족하다는 사실을 더 효과적으로 드러낸 것입니다.

토론자들은 설문조사가 모집단의 여론을 반영할 만큼의 표본크기를 지녔는지 검토해야 합니다. 만약 상대가 퍼센트를 활용하여 설문조사의 부족한 대표성을 숨기려 한다면, 그 비율을 실제 인원으로 환산하여 드러내주면 좋습니다. 표본크기가 작은 설문조사들은 수적으로는 작은 격차가 비율로 제시되었을 때는 커 보이는 효과가 있기 때문입니다. 따라서 설문조사를 인용한 측은 그 작은 격차를 비율로 제시함으로써 마치대다수 국민이 한쪽 의견에 동의한 것처럼 발언하는 경우가많습니다.

백 명의 표본을 뽑아 설문조사를 시행했다고 가정해봅시다. 설문조사 결과 한 측의 여론이 10퍼센트 우세했습니다. 인원수로 환산하면 열 명이 더 우세한 것입니다. 그러나 종종 토론자들은 이 10퍼센트 우세가 전 국민의 10퍼센트만큼의 가치를 지닌 것처럼 확대해 사용합니다. 설문조사의 비율 차이를실제 인원수로 계산하여 제시하면 청중은 그 차이가 생각보다크지 않음을 인지할 수 있습니다. 상대측이 주장하는 다수결논리를 가볍게 생각하게 되는 것입니다.

다만 이 방법은 이미 표본크기가 작아 대표성이 떨어지는설문조사만을 대상으로 이루어져야 하며, 표본크기가 충분하여 대표성이 보장된 통계자료에 사용하지 않도록 주의해야 합니다. 차이를 계산하여 반론하는 방법은 표본크기가 작아서설문조사 결과가 유효하지 않다는 사실을 부각하여 드러내기위한 하나의 표현법일 뿐, 이미 타당한 통계자료를 부정하는방법이 아니기 때문입니다.

1단계: 찬성과 반대의 비율, 조사 인원을 파악한다.

2단계: 찬성과 반대 비율의 차이(%)를 계산한다.

3단계: 조사 인원×비율의 차이(%)로 우세한 인원수를 계산한다.

⇒ 반론 제시: 몇 명 우세한 것을 가지고 전 국민의 의견을 단정 짓는 것이 옳은가?

방법2. 비합리적으로 다수결을 고집한다는 프레임을 씌운다.

아랍권에는 '명예살인'이라는 악습이 존재합니다. 가족이나 부족, 공동체의 명예를 더럽힌 사람을 살해하는 일을 허용하는 것입니다. 명예살인은 주로 간통을 저지른 여성들에게 행해져 수많은 논란을 낳고 있습니다. 가장 충격적인 사실은 아랍 문화권에는 아직도 명예살인을 옹호하는 여론이 존재한다는 것입니다. 하지만 명예살인은 결코 옳지 않으며 사라져야 하는 악습입니다. 이렇듯 '누군가가 동의한다'는 사실이 곧 '그것이 옳다'는 결론으로 이어지지는 않습니다. 그러나 설문조사를 활용할 때면 '많은 사람이 동의했으니 이것이 옳다'는 논리가 종종 등장합니다. 따라서 토론자들은 상대가 논제의 사회적 배경은 고려하지 않고 단순히 대다수가 찬성 내지는 반대한다는 이유로 정책의 시행 혹은 폐지를 주장한다는 프레임을 씌울 수 있습니다.

논제 교복 제도를 폐지해야 한다.

찬성 측   설문조사 결과, 전체 학생의 약 60퍼센트가 교복 제도에 반대했습니다.

    찬성 측은 설문조사 결과를 근거로 교복 제도를 폐지해야 한다고 주장합니다. 이럴 때는 먼저 논제가 제기된 사회적 배경을 제시하고, 다수결 논리만을 근거로 결정 내리기보다는 다양한 맥락들을 고려하여 신중하게 접근해야 한다고 강조하면 좋습니다. 차근차근 살펴보겠습니다.

찬성 측   설문조사 결과, 전체 학생의 약 60퍼센트가 교복 제도에 반대했습니다.

반대 측   [1단계: 사회적 배경 강조] 교복 제도 논란에는 학생들의 정체성 보장과 경제적 문제와 같이 많은 문제가 복합적으로 작용합니다.
               [2단계: 신중한 접근의 필요성 강조] 그렇기에 우리가 지금 이렇게 토론하고 있는 것이겠지요. 교복 제도 존폐는 학생 여론뿐 아니라 다양한 우려와 의견을 수렴하여 결정해야 합니다.
               [3단계: 다수결 논리의 비합리성 강조] 이처럼 복합적인 논제를 단순히 더 많은 사람이 찬성했다는 이유만으로 결론 짓는 게 과연 옳은 일일까요?

    반대 측은 논제가 제기된 사회적 배경을 언급하며 다수결 논리의 비합리성을 강조합니다. '상대측이 다수결에만 의존하여 복잡한 논제를 단순하게 생각하고 있다'는 프레임을 씌우는 것입니다. 청중은 상대측에 대해 '소수의 의견을 무시하고 정책을 강행한다'는 인상을 받을 수도 있겠지요. 다수결 프레임은 상대측이 제시한 설문조사의 무게감을 가볍게 만듭니다. 우리가 여론상 불리한 위치에 놓여 있다면, 이 전략을 통해 흐름을 유리하게 바꿀 수 있을 것입니다.

> 1단계: 논제의 사회적 배경을 제시한다.
>
> 2단계: 신중히 접근해야 한다고 강조한다.
>
> 3단계: 다수결 논리의 비합리성을 강조한다.
>
> ⇒ 반론 제시: 신중히 접근해야 할 문제를 단순히 다수결 논리로 결정하는 것이 옳은가?

방법3. 여론의 불안정성을 강조한다.

청팀과 백팀이 줄다리기 경기를 준비하고 있습니다. 심판은 줄의 중앙을 맞추고 양 팀 선수들을 한 번씩 둘러보았습니다.

"삐익!"

심판의 호루라기 소리와 함께 줄다리기 경기가 시작되었습니다.

"삐익! 청팀이 승리했습니다!"

어? 그런데 경기 시작 1초만에 심판이 청팀의 승리를 선언했습니다! 시작과 동시에 줄의 위치가 청팀 쪽으로 약간 기울어졌다는 이유였습니다. 백팀은 자신들이 졌다는 것을 받아들이지 않았습니다. 청팀도 얼떨떨한 기분으로 찜찜한 승리를 거두어야 했죠.

자, 이 상황에서 청팀은 정말 승리했다고 할 수 있을까요?

찬성과 반대 여론이 팽팽히 맞서는 토론 논제를 만나게 될 때가 있습니다. 이럴 때는 설문 결과도 오른쪽으로 끌려갔다 왼쪽으로 끌려갔다 하는 줄다리기처럼 유동적일 가능성이 높습니다. 이럴 때 토론자들은 자신에게 유리한 설문조사만을 인용하곤 합니다. 따라서 설문조사가 주어졌다면, 그 여론이 충분히 안정적인가를 살펴볼 필요가 있습니다. 만약 줄다리기처럼 여론이 왔다 갔다 하는 상황이라면, 토론자들은 여론의 불안정성을 근거로 다수결 논리를 반박할 수 있습니다.

선거연령을 만 18세로 인하하자는 논제는 지금까지 찬성과 반대 여론이 팽팽히 맞서고 있습니다. 먼저 여론조사 전문기관 리얼미터에서 2019년도 3월에 발표한 설문조사를 봅시다.

'만 18세 이상'
선거연령 하향 조정

찬성
51.4%

반대
46.2%

모름/무응답 2.4%

찬성 측이 약 5퍼센트 정도 앞선 결과입니다. 그럼 이번엔 시간이 조금 더 지난 2019년 11월의 여론을 봅시다.

'만 18세 이상'
선거연령 하향 조정

찬성
44.8%

반대
50.1%

모름/무응답 5.1%

이번에는 반대 측이 우세합니다. 즉 선거연령 인하와 관련된 국민 여론은 오차범위 내에서 찬반 의견이 엎치락뒤치락하는 상황입니다. 그러나 토론장에선 반대 측이 최근 설문자료를 인용하며 '선거연령 인하를 반대하는 의견이 우세하다'고 주장하는 경우가 많습니다. 이럴 때 찬성 측은 이전 설문조사를 활용해 여론의 불안정성을 강조하여 토론에서 다수결 논리를 배제할 수 있습니다. 여론이 불안정한데 단순히 하나의 설문조사로 국민의 의견을 단정 짓는 것이 옳은지 묻는 겁니다. 반대 측이 2019년도 11월 설문조사를 근거로 제시하면, 찬성 측은 2019년도 3월에만 해도 찬성 의견이 높았다면서 여론이 반대쪽으로 치우친 상황이 아니라고 설득할 수 있습니다.

논제 선거연령을 만 18세로 인하해야 한다.

반대 측 리얼미터의 2019년도 11월 조사에 따르면 선거연령 인하에 반대하는 여론이 약 5퍼센트 더 높았습니다.

찬성 측 선거연령 인하와 관련한 여론은 안정적이지 않습니다. 실제로 8개월 전까지만 해도 찬성하는 의견이 반대 의견보다 더 우세했습니다. 이렇듯 여론이 불안정한 상황에서 선거연령 인하를 반대하는 근거로 안정되지 않은 여론을 활용하는 것은 부적절합니다. 이번 토론에서 다수결 논리를 활용하기는 한계가 있어 보입니다.

찬성 측은 여론의 불안정성을 근거로 이번 토론에서 다수결 논리를 적용하는 것이 부적절하다고 말하고 있습니다. 과거의 설문조사를 통해 어쩌면 불리할 수 있었던 여론을 토론의 주요 쟁점에서 삭제한 것입니다. 여론의 불안정성을 강조하면 청중에게 다수결 논리가 설득력 있게 와닿기 어렵습니다. 따라서 상대측이 설문조사 결과를 근거로 제시할 때는 먼저 그것이 안정적인 여론인지를 파악해야 합니다.

다만 여론이 오차범위 내에서 팽팽하게 맞서고 있다는 사실을 드러내기 위해서는 비교하는 두 설문조사가 같은 조건을 지니고 있어야 합니다. 예를 들어 아이스크림 선호도 변화를 비교하기 위해 여름에 실시한 아이스크림 선호도 조사 결과를 겨울에 실시한 선호도 조사 결과와 비교하면 어떨까요? 분명 아이스크림 선호도는 날씨가 더운 여름에 치솟기 마련입니다. 따라서 두 설문조사가 여론의 변화를 반영했다고 보기엔 부족할 것입니다. 같은 조건에서 이루어진 설문조사가 아니기 때문입니다. 이와 같이 여론이 팽팽하다는 결론을 이끌어내기 위해서는 비교하는 두 설문조사의 표본대상과 표본크기, 조사기관, 표집 방식이 동일해야 합니다. 앞에 예로 든 두 설문조사 또한 같은 여론조사기관에서 동일한 표본크기와 표집 방식을 사용하여 조사·공표한 자료입니다.

> 1단계: 다른 결과가 나온 설문조사 제시
> 2단계: 여론의 불안정성 강조
> ⇒ 반론 제시: 다른 결과가 나온 설문조사가 있다는 것은 아직 여론이 불안정하다는 뜻인데, 자료 하나로 국민 여론을 단정 지을 수 있는가? (비교하는 두 설문조사의 표본대상, 표본크기, 조사기관, 표집 방식이 동일할수록 비교타당성이 높아진다!)

방법4. 스윙보터의 존재를 환기한다.

동욱	회식 메뉴를 어떤 걸로 할까? 나는 치킨이 끌리는데….
류우	나는 떡볶이!
동욱·류우	(민서를 바라보며) 민서야, 네가 선택해!
민서	(아무 말도 하지 않고 침묵을 유지한다.)

학급 대표 세 명이 회식 메뉴를 정하고 있습니다. 동욱이와 륜우의 의견이 갈리며 회식 메뉴 결정권은 자연스레 민서에게 주어졌습니다. 설문조사에 응답하지 않거나 특정한 의견을 표하지 않고 중립을 지키는 민서 같은 사람들을 '스윙보터'라고 합니다. 스윙보터는 여론에 중요한 역할을 하는 만큼 토론에서도 중요하게 생각해야 하는데요, 스윙보터를 활용한 반박법에 대해 알아보겠습니다.

토론에서 여론조사를 활용할 때, 상대측이 두 의견 사이의 격차를 근거로 여론의 우세를 강조할 때가 있습니다. 그 경우 스윙보터는 충분히 극복 가능한 격차임을 주장하는 근거가 될 수 있습니다.

다시 세 친구 이야기로 돌아가보겠습니다. 회식 메뉴는 결국 떡볶이로 결정된 모양입니다.

동욱   돈이 조금 남는데 뭘 좀 더 추가하자! 튀김으로 할까, 치즈로 할까?

민서   설문조사를 해봤는데 튀김 추가에 50퍼센트가, 치즈 추가에 30퍼센트가 찬성했어. 튀김에 무려 20퍼센트나 많이 찬성했으니까 튀김을 추가하자!

동욱   잠깐만, 그러면 나머지 20퍼센트는?

민서   아직 뭘 먹고 싶은지 모르겠다고 좀 더 고민해본대.

동욱   그 친구들까지 고려하면 튀김과 치즈 간 선호도 차이는 생각보다 적을 수 있어. 성급하게 튀김으로 정하지 말자.

설문조사 결과 반 친구들의 50퍼센트가 튀김 추가를, 30퍼센트가 치즈 추가를 선택했습니다. 민서는 튀김과 치즈 선호가 20퍼센트나 차이 난다는 점을 강조하며 튀김을 추가해야 한다고 주장했습니다. 그러나 동욱이는 아직 마음을 정하지 않은 20퍼센트의 스윙보터들을 주목해야 한다고 말합니다. 만약 스윙보터들이 모두 치즈를 추가하자고 한다면 튀김파와 치즈파가 각각 50퍼센트로 동일해지기 때문입니다.

스윙보터를 고려하여 여론을 읽는 시각은, 중도층이 많은 논제에 효과적으로 반론을 펼 수 있게 해줍니다. 상대측이 설문조사 결과를 제시할 때, 스윙보터를 들어 여론의 기울기를 맞추고 생각보다 한쪽으로 치우치지 않은 상황이라고 설득하는 것입니다.

1단계: 상대측 설문조사의 스윙보터를 알아낸다.

2단계: 스윙보터를 활용해 여론의 격차를 다시 계산한다.

3단계: 여론이 한쪽으로 치우치지 않은 상황이라고 설득한다.

⇒ 반론 제시: 스윙보터가 남아 있는데 한쪽 의견이 우세하다고 단정 지을 수 있는가?

방법5. 표본 집단의 성격을 파악한다.

어린아이들에게 매일 하루에 열 개씩 사탕을 무료로 나눠주는 정책이 있다면, 사람들은 어떤 반응을 보일까요? 아이들은 당연히 찬성표를 던질 겁니다. 좋아하는 사탕을 마음껏 먹을 수 있으니까요. 그러나 부모님들도 아이들과 같은 의견일까요? 아마 자녀의 치아 건강을 생각해 대부분 반대할 것입니다.

이렇듯 같은 정책이라도 사람들은 저마다의 이해관계에 따라 찬성하기도 하고 반대하기도 합니다. 이는 곧 논제와 이해관계가 있는 집단의 여론은 쉽게 편향될 수 있음을 의미합니다. 다음 예시를 보겠습니다.

논제 교내 휴대전화 사용을 허용해야 한다.

찬성 측 2010년도 교육 전문 기업 '노벨과 개미'가 363명의 학생들을 대상으로 설문조사한 결과, 약 71퍼센트가 휴대전화 자율화에 찬성하였습니다. 따라서 교내에서 휴대전화 사용을 허용해야 합니다.

반대 측 2018년도 '한국교총'이 1645명의 교사를 대상으로 한 설문조사에서 약 82퍼센트가 휴대전화 자율화를 반대했습니다. 따라서 교내에서 휴대전화 사용을 허용하면 안 됩니다.

교내 휴대폰 자율화에 대한 의견을 묻는다면, 자율화의 혜택을 받는 학생들은 찬성하는 반면 학생들을 통제해야 하는 교사들은 반대할 것입니다. 예시로 든 두 설문조사 결과에는 이러한 상식적인 반응이 각각 그대로 나타나 있습니다. 학생들을 대상으로 한 설문조사에서는 찬성 여론이, 교사들을 대상으로 한 설문조사에선 반대 여론이 높게 나타난 것입니다. 따라서 토론자들은 설문조사 자체가 편향되었음을 지적할 수 있습니다. '자신들에게 혜택이 주어지는데 학생들이 반대하겠는가?' 혹은 '학생들을 지도하는 교사들이 휴대전화 자율화에 찬성하겠는가?'라고 질문함으로써 표본집단이 논제와 이해관계를 가지고 있다고 지적하는 것입니다.

표본 집단의 성격을 파악하고 지적하면 청중은 상대측이 제시한 설문조사 결과가 공정하지 않다고 생각하게 될 것입니다. 꼭 결과를 정면 반박하지 않아도 불리한 자료 자체를 무력화할 수 있는 것입니다.

> 1단계: 설문조사 대상이 누구인지 확인한다
>
> 2단계: 조사 대상이 논제와 이해관계가 있는지 파악한다.
>
> 3단계: 공정한 여론이 아님을 설득한다.
>
> ⇒ 반론 제시: 논제와 이해관계를 가진 이들의 여론이 공정하다고 할 수 있는가?

그럼 다수결 논리를 반박하는 다섯 가지 방법을 정리해보겠습니다.

방법1. 직접 차이를 계산해보자.

방법2. 비합리적으로 다수결 논리를 고집한다는 프레임을 씌운다.

방법3. 여론의 불안정성을 강조한다.

방법4. 스윙보터의 존재를 환기한다.

방법5. 표본 집단의 성격을 파악한다.

콜라 한 잔

초등학교 5학년의 어느 무더운 여름날이었습니다. 뙤약볕 아래서 축구를 한 친구와 저는 시원한 콜라 한 잔이 간절했습니다. 그렇게 단 한 잔의 콜라를 위해 우리는 동전 탐사대가 되었습니다. 혹여나 굴러다니는 동전이 있을까 하고 책가방과 실내화 주머니를 뒤집어보았죠. 자판기 사이와 동전 반환구를 살펴보는 것도 빼놓지 않았습니다.

그렇게 발견한 오백 원짜리 동전 하나.

하지만 콜라를 사 마시기엔 턱없이 부족한 돈이었습니다. 목은 점점 타들어갔고 친구와 저는 마지막 희망을 품고 친절한 사장님이 계시는 떡볶이 가게로 향했습니다.

"안녕하세요 아주머니…. 제가 지금 돈이 없는데요… 외상 해주시면 안 될까요?"

"뭐어? 절대 안 돼! 그런 건 어디서 배워 온 거니?"

"죄… 죄송합니다."

친절했던 아주머니의 표정이 험악하게 변했습니다. 처음 보는 아주머니의 얼굴, 무서웠습니다. 결국 쫄래쫄래 친구에게 돌아왔죠. 아무래도 콜라 대신 물로 목을 축여야겠다고 체념하고 있을 때, 친구가 자기랑 같이 가보자며 다시 가게 안으로 향했습니다.

"어? 안 된다니까 그러네!"

"아뇨. 저는 돈 있어요. 혹시 콜팝 얼마예요?"

"천오백 원."

"근데 제가 탄산음료를 못 마셔서요. 위에 있는 치킨 팝콘만 구매하면 얼마예요?"

"치킨팝콘만? 음… 치킨팝콘만 사면 천 원이야."

아주머니는 생각지 못한 질문에 당황하셨습니다. 치킨팝콘만 따로 파는 메뉴는 없었기 때문입니다. 친구는 그때를 놓치지 않고 웃으며 이야기했습니다.

"그럼 콜팝 밑에 들어가는 콜라 오백 원어치 주세요. 히히."

결국 아주머니는 호탕하게 웃으시며 천 원어치 콜라 한 잔을 주셨습니다. 우리의 모험도 그렇게 성공으로 막을 내릴 수 있었지요.

저는 토론대회에 들어가기 전, 이날의 기억을 되뇌곤 합니다. 누군가를 논리로 압도하기보다는 상대도 공감하며 시원한 콜라 한 잔을 내줄 수 있도록 설득하겠다고 말입니다.

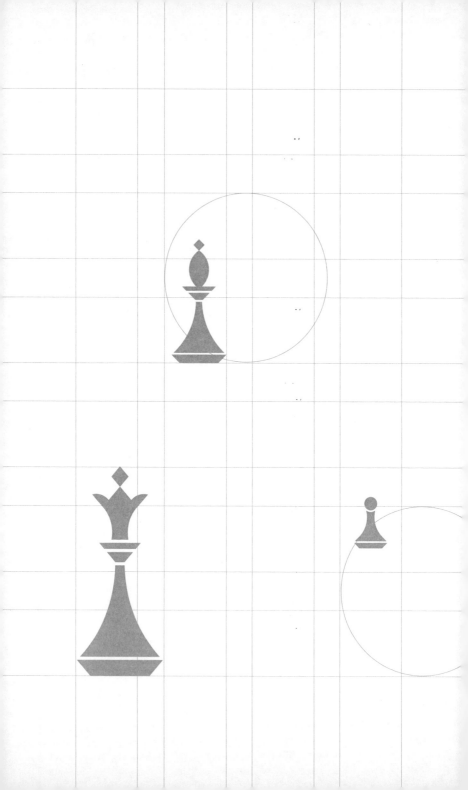

5장

기보[notation]

경기의 수를 기록한 것

36. 많으면 다다
: 설문조사 활용법

앞서 설문조사를 활용할 때 다수결 논리를 비판하는 방법을 이야기했습니다. 그럼 토론에서는 다수결 논리를 사용할 수 없는 것일까요? 설문조사를 올바르게 활용하는 세 가지 방법을 소개합니다.

첫째, 오차범위 및 신뢰도를 알아둔다.

통계자료를 인용할 때, 출처, 연도, 조사 인원만 정리해놓고 신뢰도와 오차범위를 간과하는 경우가 많습니다. 통계학적으로는 여론조사의 표본크기가 1000명 정도만 되어도 충분히 유의미합니다. 그러나 토론하다 보면 통계학적으로 유의미한 설문조사일지라도 일부의 의견을 국민 전체의 의견으로 일반화할 수 없다고 말하는 상대편을 종종 만나게 됩니다.

설문조사의 오차범위와 신뢰도는 상대가 일반화의 오류를 지적할 때 방어할 수 있는 좋은 근거입니다. 토론자들은 효과적인 방어를 위해 신뢰도와 오차범위에 대해 명확히 알아두어야 합니다. 신뢰도란 통계학적으로 동일한 대상을 반복적으로 측정하였을 때, 일관된 결과를 얻는 것을 말합니다. 예를 들어 신뢰도가 95퍼센트라면, 100번 조사했을 때 95번은 이 설문조사와 같은 결과가 나온다는 뜻입니다. 오차범위 혹은 표본 오차란 측정된 결과값에서 발생할 수 있는 오차의 범위를 말합니다. 예를 들어 '정책에 찬성하는 비율이 70퍼센트다.'라는 설문조사의 오차범위가 ±3퍼센트라면 이 설문조사를 다시 실행한다면 찬성의 비율은 67~73퍼센트까지 나올 수 있다는 뜻입니다. 다음 예시들을 보겠습니다.

[속보1] 들녘일보에 따르면 성인 1000명을 대상으로 한 설문조사에서 '탕수육을 찍먹한다'고 밝힌 사람의 비율은 80퍼센트에 달했다. (신뢰도 95퍼센트, 표본오차 ±3퍼센트)

[해석] 들녘일보의 설문조사를 100번 다시 했을 때, 95번은 '탕수육을 찍먹한다'는 사람의 비율이 77~83퍼센트 범위에서 나타난다.

[속보2]	들녘일보에 따르면 성인 200명을 대상으로 한 설문조사에서 '라면을 끓일 때 수돗물을 넣는다'는 사람의 비율이 70퍼센트에 달했다. (신뢰도 90퍼센트, 표본오차 ±5퍼센트)
[해석]	들녘일보의 설문조사를 100번 다시 했을 때, 90번은 '라면을 끓일 때 수돗물을 넣는다'는 사람의 비율이 65~75퍼센트 범위에서 나타난다.

신뢰도와 오차범위는 설문조사가 통계학적으로 얼마나 유의한지를 나타내줍니다. 따라서 상대가 "작은 집단의 의견을 큰 집단으로 일반화하면 안 돼!"라고 말한다면, 신뢰도와 오차범위를 통해 설득할 수 있습니다. "이 설문조사의 신뢰도는 99퍼센트이며 오차범위는 ±5퍼센트이므로, 충분히 통계적으로 유의합니다. 일반화 가능한 여론인 것입니다."라고 말한다면, 청중은 이 설문조사를 신뢰할 만하다고 여길 것입니다.

둘째, 최소 두 개 이상의 설문조사를 인용한다.

아무리 설문조사가 통계적으로 유의미하다고 설득하더라도, 청중은 '1000명으로 5천만 명을 대표할 수 있는가?'라는 질문에 현혹되는 경우가 많습니다. 이런 한계를 방어하는 가장 유용한 방법은 같은 결과가 나온 설문조사를 두 개 이상 인용하는 것입니다.

설문A   +   설문B

　'9시 등교제를 실시해야 한다'는 여론이 우세하다고 주장하는 상황을 생각해봅시다. '설문 A에서 9시 등교제를 찬성하는 여론이 우세했다.'라고 주장하는 것보다 '설문 A에서 9시 등교제를 찬성하는 여론이 많았고, 설문 B에서도 마찬가지였다.'라고 주장하는 것이 더 설득력 있을 것입니다. 우리 측은 달랑 설문조사 하나를 근거로 일반화하려는 것이 아님을 보여주면서 상대측의 반론을 사전에 차단할 수 있는 방법입니다.

셋째, 소수의 의견을 존중함을 표현한다.

다수결 논리(다수가 동의했으니 정책을 실시하자는 논리)

≠

국민주권주의(소수의 국민에게도 정책을 결정할 주권이 있다는 논리)

　앞서 설문조사를 인용하는 것이 다수결 프레임으로 이어질 수 있다고 경고했습니다. '단순히 다수가 찬성했다고 해서 시행하자는 건 성숙하지 않은 생각'이라는 반박을 받을 수 있다는 거죠. (「35. 많으면 다냐?: 다수결 논리 반박법」참고.)

　이를 피하기 위해서는, 우리 측이 소수의 의견도 존중하고 있음을 표현해야 합니다. 다수결 논리를 펴 정책을 무작정 실시하자는 것이 아니라 국민주권주의를 반영하고자 한다고 주장하는 것입니다. 예를 들어보겠습니다.

 회식 때 중식과 분식 중 무엇을 먹을 것인가?

중식파　설문조사 결과 우리 반 대부분이 중식을 원했습니다.

분식파　지금 분식 먹고 싶은 사람들 의견은 무시하는 겁니까? 단순히 중식파가 더 많으니까 중식을 먹자는 거라고요!

중식파　절대 그런 것이 아닙니다. <u>소수의 의견 역시 존중합니다.</u> 다만 시간과 자원이 한정되어 있는 상황이기에 우리가 투표하는 의의를 돌아보아야 한다는 것입니다.

　회식 메뉴를 결정하는 토론에서 분식파가 중식파에게 소수의 의견을 무시한다는 프레임을 씌우려 합니다. 그러나 중식파는 소수의 의견을 존중한다는 입장을 분명히 하며 프레임에서 벗어나고 있습니다. 이와 동시에 투표하는 의의를 청중에게 분명히 상기시킵니다.

　무엇보다 상대가 씌운 다수결 프레임을 자세히 살펴보면 우리 측이 제시한 논리 구조를 교묘하게 바꾸었다는 사실을 알 수 있습니다. 철수와 영희의 대화를 들어보겠습니다.

영희	철수야. 너는 내가 어디가 좋아서 만나?
철수	우선 너는 성격이 좋고, 나랑 취향이 잘 맞아. 그리고 무엇보다 예뻐.
영희	뭐? 예뻐서라고? 넌 내 얼굴만 보고 만나는 거네?
철수	그건 수많은 이유 중 하나지 유일한 이유가 아니야….

철수는 영희를 좋아하는 이유로 성격과 취향, 외모를 들었습니다. 그러나 영희는 마치 철수가 외모만 이야기한 것처럼 반응하네요. 마치 철수가 외모만 보고 영희를 만나는 사람인 것처럼요. 다수결 프레임을 씌우는 과정은 영희처럼 상대의 논리 구조를 왜곡하는 일입니다. 분명 철수는 '얼굴만 보고 영희를 만난다'고 말한 적이 없습니다. 영희의 예쁜 외모는 그저 철수가 영희를 사귀는 여러 이유 중 하나일 뿐이었죠. 이처럼 프레임을 씌우려는 사람들은 우리 측이 다수결 논리만 주장한 것처럼 발언을 왜곡합니다. 우리는 앞서 이야기했던 다른 근거들을 되짚어줌으로써 프레임을 씌우려는 상대에게서 탈출할 수 있습니다.

실전 토론 사례를 통해 더 자세히 이야기해보겠습니다.

논제 심청이는 효녀인가?

| 반대 측 | 심청이를 효녀로 볼 수 없는 세 가지 근거를 제시하겠습니다. 첫째, 효는 부모가 주신 몸을 보존하는 것에서 시작합니다. 둘째, 심청이 |

의 선택은 심 봉사를 불행하게 했습니다. 셋째, 설문조사 결과 국민 대다수가 심청이를 불효녀라 생각했습니다.

찬성 측   설문조사 결과를 인용하셨는데, 단순히 많은 사람이 동의한다는 이유로 심청이를 불효녀라고 할 수 있을까요?

반대 측   저희는 심청이가 불효녀인 이유로 세 가지를 들었습니다. 심청이는 부모님이 주신 몸을 보존하지 않았고 그 결과 심 봉사를 불행하게 했습니다. 다수결 논리는 심청이가 효녀가 아니라는 근거 중 하나일 뿐이지, 저희가 오직 다수결 논리만 들어 심청이가 불효녀라고 주장하는 것은 아닙니다.

반대 측은 찬성 측이 왜곡했던 논리 구조를 다시 정리함으로써 프레임에서 벗어나고 있습니다. 이처럼 다른 근거들을 짚어주면 청중은 다수결 논리는 찬성 측의 수많은 근거 중 하나일 뿐, 유일한 근거는 아님을 알게 됩니다.

지금까지 토론에서 설문조사를 올바르게 활용하는 세 가지 방법을 이야기해보았습니다. 무엇보다 중요한 건 설문조사는 메인 음료가 아니라 휘핑크림일 뿐이라는 사실을 기억하는 것입니다. 설문조사는 우리가 주장하는 수많은 근거 중 하나이며 다수결 논리만을 근거로 주장하는 것이 아니라고 분명히 밝혀야 합니다.

그럼 설문조사를 활용하는 세 가지 방법을 정리해보겠습니다.

첫째, 오차범위 및 신뢰도를 알아둔다.

둘째, 최소 두 개 이상의 설문조사를 인용한다.

셋째, 소수의 의견을 존중함을 표현한다.

37. 헌재는 만능이 아니야
: 헌법재판소 판례 활용하기

　정책 토론에서는 헌법재판소(줄여서 헌재)의 판례를 사용하는 경우가 종종 있습니다. 선거연령, 사형제, 임신중절 등 이전에 헌재에서 합헌 또는 위헌 결정이 났던 논제들이 대표적입니다. 논제의 특성에 따라 헌재 판결을 인용할 때에는 다음 세 가지를 주의해야 합니다.

　첫째, 헌법재판소도 시대를 탄다.

　1953년에 임신중절을 범죄로 규정하는 법률(일명 낙태죄)이 제정되고 약 66년간 논란이 지속되어왔습니다. 2012년 헌법재판소는 재판관 8명(공석 1명)이 참여한 낙태죄 선고에서 4대 4 의견으로 합헌을 판정했습니다. 여성의 자기결정권보다 태아의 생명권을 인정한 판결이었습니다. 그러나 여성 인권에 대한 사회적 목소리가 높아지면서 2019년 헌법재판소는 재판관 4명(헌법 불합치), 3명(단순 위헌), 2명(합헌)으로 낙태죄에 헌법 불합치 결정을 선고했습니다.

이 사례는 우리에게 두 가지 교훈을 줍니다. 첫째, 헌재 판결은 절대적으로 정해진 답이 아니며 둘째, 사회적 흐름을 반영한다는 것.

실제로 사형제 폐지를 기각했던 헌법재판소의 판례는 사회적 흐름에 따라 헌법재판소의 판결이 달라질 수 있음을 시사하고 있습니다.

나라의 문화가 고도로 발전하고 인지가 발달하여 평화롭게 안정된 사회가 실현되는 등 시대상황이 바뀌어 사형이 가진 범죄예방의 필요성이 거의 없게 되거나 국민의 법 감정이 사형의 필요성이 없다고 인식하는 시기에 이르게 되면 사형을 곧바로 폐지해야 하며, 그럼에도 불구하고 형벌로서 사형이 그대로 남아 있다면 당연히 헌법에도 위반되는 것이다.

− 헌법재판소 〈95헌바1〉 판결 내용 중

이렇듯 헌법재판소의 판결은 영구적인 것이 아닙니다. 세계적 흐름과 사회적 맥락에 따라 유동적으로 변화할 수 있습니다. 그러나 토론자들은 종종 헌재의 판결을 절대적 진리처럼 받아들입니다. 헌재가 합헌 결정을 내렸으니 옳은 정책이라는 논리를 서슴지 않고 내세우지요. 이런 상황에서 헌재 판결과 대치되는 측은 헌재 판결이 절대적이지 않다는 사실을 강조해야 합니다.

헌법재판소 판결 내용을 근거로 사용한 토론의 예시를 하나 들어보겠습니다.

 선거 연령을 인하해야 한다.

반대 측　　2014년 헌법재판소는 선거연령을 유지해야 한다고 결정했습니다.

찬성 측　　<u>2014년과 현재의 사회 상황은 너무도 다릅니다!</u> 실제로 우리나라 청소년들은 정치적으로 많이 성숙해졌고요. 헌법재판소의 판결이 시대가 흐르며 번복된 사례가 있는 만큼, 선거연령 인하 문제도 현재를 기준으로 다시 바라봐야 합니다!

2014년 헌법재판소는 만 18세의 청소년들은 정치적 가치관이 완전하게 형성되어 있지 않다는 점을 들어 선거권 연령 인하에 대해 반대 의견을 표했습니다. 반대 측은 이 판결을 들어 선거연령을 인하하지 말아야 한다고 주장하고 있네요. 그러나 찬성 측은 사회적으로 많은 것이 변했다고 주장하며 불리한 판결을 반박하고 있습니다. 과거와 달라진 사회적 환경을 근거로 지금이라면 헌재가 충분히 다른 판결을 내놓을 수 있다고 주장한 것입니다. 이렇듯 토론에서 상대측이 헌법재판소의 판결을 절대적인 것으로 여기고 주장한다면, 헌재의 판결은 사회상이 변화하면 바뀔 수도 있다고 강조해주는 것이 좋습니다.

둘째, 헌법재판소는 합헌 여부를 판단하는 기관이다.

헌법재판소는 법률이 헌법에 위반되는지를 판단하는 기관입니다. 즉 헌재의 판결은 위헌과 합헌 여부를 나타낼 뿐, 정책 시행 혹은 폐지의 당위성을 의미하는 것이 아닙니다. 헌법에 합치하는 정책이라고 해서 무조건 시행할 이유는 없죠. 그러나 토론하다 보면 많은 사람이 이 당연한 사실을 잊어버리곤 합니다. 마치 헌법재판소를 합헌 여부를 판단하는 기관이 아니라, 정책의 시행 여부를 검토하는 입법기관처럼 생각하는 것이죠. 다음 예시를 볼까요?

 사형제를 폐지해야 한다

반대 측   [2008헌가23]에서 헌법재판소가 사형제는 합헌이라고 했으니까 사형제 시행은 정당합니다!

찬성 측　사형제가 합헌인 것과 사형제를 실시하는 것은 다른 문제입니다. 사형제가 헌법을 위반하지 않더라도 부정적 영향이 막대하면 폐지해야 합니다!

　반대 측은 헌재 판결을 근거로 사형제의 정당성을 주장하고 있습니다. 그러나 '사형제가 헌법에 위배되는가?'와 '사형제를 실시해야 하는가?'는 서로 다른 질문입니다. 반대 측은 헌재를 마치 입법기관처럼 생각하는 실수를 저지른 것입니다.

　그럼 헌재의 합헌 여부를 어떻게 사용해야 할까요? 토론자들은 헌법재판소의 판결 그 자체보다 판결에 사용된 '근거'들에 집중할 필요가 있습니다. '위헌인가, 합헌인가'보다 '왜 위헌 내지는 합헌인가'를 이해하고 설명해야 하는 것입니다. 위의 예시에서 반대 측 발언을 수정해보겠습니다.

[기존 발언]　[2008헌가23]에서 헌법재판소가 사형제는 합헌이라고 했으니까 사형제 시행은 정당합니다!
⇒ 단순히 합헌 여부에 집중하고 있음.

[수정 발언]　[2008헌가23]에서 헌법재판소는 인간의 존엄과 가치를 위해 역설적으로 그 인간의 존엄과 가치를 파괴한 사람의 생명을 박탈하는 것이 불가피한 상황이 있다고 했습니다. 사형 제도는 인간 존엄성을 박탈하는 제도가 아니라 오히려 지키는 제도입니다.
⇒ 합헌 판결의 근거에 집중하고 있음.

본래 단순히 헌법재판소의 합헌 판결 자체에 집중하여 사형제를 유지해야 한다고 주장했던 것과 달리, 수정 발언에서는 '합헌의 근거'에 집중하고 있습니다. 헌법재판소가 왜 합헌 판결을 내렸는지를 근거로 설명하며 청중을 설득하고 있는 것이지요.

헌재 판결을 논거로 사용할 때는 결과보다 근거를 설명해주는 것이 좋습니다. 헌재는 입법기관이 아니기 때문에, 합헌 판결을 받았다는 사실이 곧 정책을 시행할 정당한 이유가 되지는 않습니다.

셋째, 판례 속 보충 의견에 집중한다.

헌법재판소의 판결에는 재판관들의 보충 의견이 정리되어 있습니다. 주로 헌재의 판결과 반대되는 입장을 가졌던 재판관들의 의견인데요, 만약 헌재가 합헌 판결을 내렸다면 보충 의견에는 위헌을 주장했던 재판관들의 관점이 들어 있는 것입니다. 따라서 상대가 헌재의 판례를 근거로 들었을 때는 이 보충 의견을 강조해주면 좋습니다.

2003년 헌법재판소는 촉법소년 연령을 변동할 필요성이 없다고 판결했습니다. 보충 의견에는 촉법소년 연령을 조정해야 한다는 입장에 섰던 전효숙 재판관의 생각과 관점이 담겨 있습니다.

〈전효숙 재판관 보충 의견 내용〉

조기교육의 활성화와 교육제도의 발달, 물질의 풍요 등으로 인간의 정신적·육체적 성장속도가 점점 빨라지고 있으며, 범죄의 저연령화·흉폭화 등이 문제되고 있는 현실을 고려하면 통상 중학교 1~2학년까지의 소년에 해당하는 14세 미만의 책임연령은 이제는 현실적으로 높다고 하지 않을 수 없다.

만약 '촉법소년 연령 인하'를 논제로 하는 토론에서 반대 측이 촉법소년 연령을 유지해야 하는 근거로 헌재 판결을 제시한다면, 찬성 측은 전효숙 재판관의 보충 의견을 활용하여 반론할 수 있을 것입니다. 이미 당시에도 촉법소년 연령이 너무 높다는 의견이 있었다는 거죠. 즉 '2003년에도 헌법재판관들 사이에서 14세 촉법소년 연령 기준에 대한 논란이 있었는데, 지금 14세라면 그때보다도 이성적으로 판단하는 능력의 수준이 높아졌을 것이다.'라는 식으로 논리를 펼 수 있게 되는 것입니다.

재판관들의 보충 의견은 판결 당시에도 상대측의 의견이 충분히 논의되었음을 방증합니다. 따라서 헌재 판결이 우리에게 불리할지라도 보충 의견을 잘 이용한다면, 판례가 갖는 힘을 약화시키는 동시에 역공 포인트를 찾을 수도 있습니다.

헌재 판례를 이용할 때 유의할 점 세 가지를 정리해보겠습니다.

첫째, 헌재 판결은 시대의 영향을 받는다.

둘째, 헌재는 위헌 여부를 판단하는 기관이다.

셋째, 보충 의견(반대 의견)에 집중한다.

38. 너와 나의 연결고리
: 문제와 해결책 사이 연결점 만들기

세승이와 륜우가 소금과 설탕 중 어떤 것이 콩국수에 더 어울리는지 논쟁을 벌이고 있습니다.

세승(소금파) 콩국수에 설탕을 넣어 먹는다고? 말도 안 돼.

륜우(설탕파) 우리 집은 예전부터 이렇게 먹었어.

세승(소금파) 설탕을 많이 먹으면 몸에 좋지 않아. 콩의 고소함도 잘 안 느껴지고. 그렇게 단맛에 익숙해지면 콩국수 본연의 맛을 느끼기 쉽지 않을 거야.

륜우(설탕파) 그건 소금도 마찬가지 아니야? 그래서 왜 소금을 넣어야 하는데?

세승이는 콩국수에 설탕을 넣으면 안 되는 이유를 들었습니다. 그러나 설탕을 넣지 말아야 하는 이유가 곧 콩국수에 소금을 넣어야 하는 이유가 되는 것은 아닙니다. 류우는 이 점을 눈치채고 왜 콩국수에 소금을 넣어야 하냐고 물었습니다.

토론하다 보면 세승이와 같이 문제 제기에서 그치는 경우를 많이 보게 됩니다. 찬성 측이 왜 자신들이 찬성하는 정책을 시행해야 하는지 제시하지 않는 것입니다. 이러한 상황에서 청중은 '문제가 있다는 건 알겠는데, 그래서 왜 이 정책을 시행해야 하는 거지?'라는 의문을 품게 됩니다. 따라서 정책을 옹호하는 찬성 측은 왜 이 정책이 다른 대안보다 좋은지를 제시해주면 좋습니다. 문제와 정책의 효용성을 잇는 연결점은 찬성 측의 논리를 더욱 단단하게 만들어주기 때문입니다.

그럼 찬성 측의 논리적 연결점 제시가 부족했던 실전 토론의 예시를 보겠습니다.

논제 인공지능 판사를 도입해야 한다.

찬성 측   2022년도 사법연감에 따르면 민사 1심 합의부에서 본안 사건을 처리하는 데만 364.1일이 걸렸습니다. 이렇듯 현재 우리나라는 판사 인원이 부족해 재판이 지연되고 있습니다.

반대 측   그런 문제는 정년 연장과 같은 다른 제도로도 해결할 수 있을 것 같은데요? 왜 인공지능 판사를 도입해야 하나요?

찬성 측은 인공지능 판사 도입을 주장하고 있습니다. 그러나 현재 재판이 지연되고 있다는 '문제'만을 제기하고 있죠. 인공지능 판사를 도입해야 하는 '이유'를 제시하지는 않았습니다. 따라서 찬성 측은 문제와 해결책의 연결점이 되어줄 '인공지능 판사가 재판 지연을 개선할 수 있는 이유'를 제시해야 합니다.

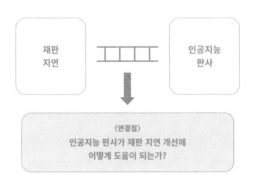

그럼 논리적 연결점에 주의하며 찬성 측의 발언을 보강해보겠습니다.

찬성 측　　[문제 제기] 2022년도 사법연감에 따르면 민사 1심 합의부에서 본안 사건을 처리하는 데만 364.1일이 걸렸습니다. 이렇듯 현재 우리나라는 판사 인원이 부족해 재판이 지연되고 있습니다.
[연결점] 한국 전자통신연구원(ETRI)에 따르면 2021년도 기준 초당 5천조의 데이터를 처리할 수 있는 인공지능이 개발되었습니다. 이러한 사실은 인공지능 판사가 현 시스템보다 더욱 빠른 속도로 재판 절차를 진행할 수 있음을 의미합니다.

[해결책] 따라서 인공지능 판사를 도입하면 다른 어떠한 대안들보다 재판 지연 개선에 도움이 될 것입니다.

찬성 측은 인공지능 판사가 어떠한 방법으로 현재 문제를 해결할 수 있는지 이야기했습니다. 문제와 해결방안을 잇는 논리적 연결점을 만들어 '그래서 왜 인공지능 판사를 도입해야 하는가?'라는 질문에 답변함과 동시에, 인공지능 판사가 다른 대안들보다 효과적인 해결책임을 강조함으로써 논리를 더욱 단단하게 한 것입니다.

이번엔 다른 예시를 통해 입론에서 논리적 연결점을 만드는 방법을 익혀보겠습니다.

 종이책을 전자책으로 대체해야 한다.

찬성 측   현재 지구온난화는 심각한 수준입니다. 그럼에도 불구하고 우리는 수많은 나무를 베고 있습니다.

반대 측   그래서 왜 전자책을 도입해야 하는 건가요?

찬성 측은 지구온난화의 심각성을 이야기하고 있습니다. 그러나 이러한 문제가 왜 전자책 도입으로 이어져야 하는지, 논리 연결이 느슨한 상황입니다. 그럼 연결점에 주의하여 찬성 측의 발언을 수정해보겠습니다.

찬성 측   [문제 제기] 현재 지구온난화는 심각한 수준입니다. 그럼에도 불구
하고 우리는 수많은 나무를 베고 있습니다.
[연결점] 전자책을 통해 한 사람이 소비하는 종이책 수백 권을 전자
기기 하나로 대체할 수 있습니다. 이러한 점에서 전자책은 종이책에
비해 더 환경 친화적입니다.
[해결책] 따라서 종이책을 전자책으로 대체해야 합니다.

이번에는 찬성 측이 전자책이 더 환경 친화적인 이유를 제
시함으로써 문제와 해결책을 연결했습니다. 청중은 지구온난
화 예방에 전자책이 어떻게 도움이 되는지, 전자책이 어떤 면
에서 종이책에 비해 더 좋은지 이해할 수 있었죠. 이렇듯 특정
정책을 찬성하는 측은 논제가 제기된 사회적 배경과 정책의
효용성을 잇는 연결점을 입론에서 제시해야 합니다. 만약 반
박이나 문제 제기에 그칠 경우, 청중에게 정책 도입의 정당성
을 설득하기 힘들기 때문입니다.

그러니 만약 여러분이 논제의 찬성 측을 맡았다면 스스로
질문해봅시다.

"문제는 있는데, 그래서 이걸 '왜' 해야 할까?"

39.   젓가락 없이 끓인 컵라면
: 숫자에 활력 불어넣기

　새벽에 출출해서 컵라면을 끓인 적이 있습니다. 그런데 아뿔싸! 집에 젓가락이 없는 겁니다. 결국 컵라면을 마시기로 했습니다. 면발을 천천히 음미하지 못하고 입천장을 데여가며 마시는 컵라면은 정말 최악이었습니다.

　토론에서도 마찬가지입니다. 우리가 준비한 자료를 욱여넣으면 청중들은 입천장을 델 수 있습니다. 따라서 토론자들은 청중이 자료의 맛을 음미할 수 있도록 젓가락을 준비해줘야 합니다. 여기서 젓가락은 '자료를 구체적으로 설명해주는 것'을 의미합니다.

　토론에서는 정말 많은 자료가 오갑니다. 토론자들은 이미 논제에 대한 배경지식이 쌓인 상태라 쉽게 논리들을 읽어낼 수 있습니다. 그러나 청중은 다릅니다. 논제에 대한 배경지식이 부족하기 때문에 어려운 단어 하나에도 흐름을 놓칩니다. 따라서 토론자들은 자료에 친절한 설명을 곁들여야 합니다. 예시를 보며 이해해보겠습니다.

 원자력 발전소를 폐지해야 한다.

반대 측　독일 부퍼탈 연구소의 자료에 따르면, 원자력발전의 예상 발전 원가는 6.4유로센트로 매우 저렴했습니다.

　반대 측은 원자력 발전의 효율성을 근거로 폐지에 반대하고 있습니다. 그러나 청중은 그저 '작구나, 크구나' 정도만 인식할 뿐 숫자의 정확한 의미를 이해하지 못합니다. 따라서 청중에게 자료의 뜻을 명확히 설명해야 합니다.

반대 측　독일 부퍼탈 연구소의 자료에 따르면, 원자력발전의 예상 발전 원가는 8600원으로 매우 저렴했습니다. 태양광의 발전 원가가 11300원, 육상풍력의 발전 원가가 13200원임을 고려했을 때 원자력발전이 신재생 에너지보다 훨씬 저렴합니다. 이 사실은 미래에도 원자력이 가장 경제적인 에너지원임을 의미합니다.

　이번에는 반대 측이 자료를 단순히 제시하는 수준을 넘어 설명해주고 있습니다. 특히 발전 원가에 대해 신재생 에너지라는 비교 대상을 제시함으로써, 원자력 에너지가 신재생 에너지보다 효율적인 에너지원임을 잘 표현했습니다. 또한 어색할 수 있는 유로센트를 한국의 통화 가치로 바꾸어 제시했죠. 이렇게 자료를 자세히 설명해주면 청중은 원자력발전이 경제적이며, 미래 지향적인 에너지원이라는 사실을 더 쉽게 받아들일 수 있습니다.

따라서 토론자들은 숫자가 의미하는 바가 무엇인지, 이 자료를 통해 우리가 무엇을 증명하고자 하는지를 설명해야 합니다. 컵라면을 먹을 때는 젓가락을 함께 줘야 하는 것입니다. 청중이 자료의 가치를 음미할 수 있도록요.

40. 외국 자료 잘 사용하는 법

토론자들은 수많은 해외 사례를 활용합니다. 정책을 먼저 도입한 해외의 사례에는 정책의 장점과 단점이 잘 드러나 있기 때문입니다. 그럼 어떻게 해야 해외 사례를 더 잘 사용할 수 있을까요? 해외 사례를 200퍼센트 활용할 수 있는 세 가지 방법을 소개하겠습니다.

첫째, 우리나라와 사회적 기반을 비교하자.

정책 토론에서 해외 사례를 근거로 정책의 효과를 강조할 때면 항상 따라오는 반론이 있습니다.

"우리나라와 사회·문화적 환경이 다른 외국의 사례를 그대로 적용할 수 있나요?"

그렇기에 해외 사례를 사용할 때는 그 나라와 우리나라의 공통 기반을 강조해주면 좋습니다. 다음 예시를 봅시다.

논제 사형 제도를 폐지해야 한다.

찬성 측 국제 엠네스티 자료에 따르면 캐나다는 사형제 폐지 후 오히려 살인율이 감소했습니다.

반대 측 문화적 배경이 다른 캐나다에서의 결과가 우리나라에도 그대로 적용될까요?

찬성 측 넘비오(Numbeo)의 2020년 범죄율 지수에 따르면 캐나다와 한국이 큰 차이가 나지 않았습니다. 이는 캐나다와 우리나라의 범죄에 대한 사회적 기반이 비슷하므로 캐나다의 사형 제도 폐지 사례가 충분히 유의미함을 시사합니다.

반대 측이 캐나다와 우리나라의 문화적 차이를 의심합니다. 이에 찬성 측은 캐나다와 우리나라의 공통점을 제시하며 해외 사례를 충분히 적용할 수 있다고 입증했습니다. 이렇게 해외 사례와 우리나라의 비교타당성을 검증하면 근거를 더 강력하게 사용할 수 있는 힘이 됩니다.

그럼 외국 자료를 반박할 수 있는 방법은 없는 걸까요? 있습니다! 앞서 했던 반론을 정확히 반대로 하면 됩니다. 두 국가 간의 사회·문화적 차이가 크다는 자료를 제시하는 것입니다. 사형 제도 예시를 계속 들어보겠습니다.

찬성 측   국제 엠네스티 자료에 따르면 캐나다는 사형제 폐지 후 오히려 살인율이 감소했습니다.

반대 측   호주싱크탱크의 2019년도 세계치안순위에 따르면 캐나다는 6위, 우리나라는 55위였습니다. 안정된 치안 배경이 마련된 캐나다의 사례를 우리나라에 그대로 적용할 수 있을까요?

반대 측은 정확한 근거 자료를 바탕으로 캐나다와 우리나라의 사회·문화적 차이를 꼬집었습니다. 이렇게 근거를 제시해주면 청중은 두 국가의 사회적 기반이 다르다는 사실을 더 쉽게 납득할 수 있습니다.

그런데 이쯤에서 의문이 듭니다. 이렇게 반론하려면 반대 측이 어떤 해외 사례를 제시할지 미리 알고 있어야 할 것 같아요. 그래야 문화적 차이에 대한 자료를 준비할 수 있으니까요. 그럼 어떻게 미리 예상할 수 있는 걸까요?

그 답은 토론 준비 과정에 있습니다. 자료를 수집하면서 토론자들은 반복적으로 사용되는 해외 사례들을 접하게 됩니다. 예를 들어 안락사 토론에서는 이미 안락사 제도가 존재하는

네덜란드나 스위스의 사례가 자주 나옵니다. 이렇게 대표적인 해외 사례들과 우리나라의 사회적 차이를 조사하면 됩니다. 자료 수집 과정에서 자주 눈에 띄는 해외 사례는 토론에서 등장할 가능성이 매우 높기 때문입니다.

해외 사례는 얼마나 우리나라와 비슷한 사회·문화적 환경을 가지고 있는지가 증명되어야만 비교하는 의미가 있습니다. 따라서 해외 사례를 인용하는 측은 우리나라와의 공통점을 함께 찾아 근거의 힘을 강화해야 합니다. 반대로 상대측이 제시한 해외 사례를 우리나라와의 차이점을 통해 반박할 수도 있습니다.

둘째, 너무 다른 해외 사례는 포기하자.

자료를 수집하다 보면 우리나라와 사회·문화적 환경이 너무 다른 외국의 사례를 발견할 때가 있습니다. 토론에서 이런 자료를 사용하면 상대에게 빌미를 주게 됩니다. 그러므로 아무리 강력한 해외 사례라도 사회·문화적 차이가 극심하다면 놓아주어야 합니다. 다음 예시를 보겠습니다.

 모병제를 도입해야 한다.

찬성 측   모병제인 미국은 국방력 1위입니다! 모병제여도 충분히 국가 방어가 가능해요!

찬성 측은 미국의 사례를 근거로 모병제에 찬성하고 있습니다. 그러나 미국의 국방력은 우리나라와 차원이 다릅니다. 또한 우리나라처럼 분단 상황에 있지도 않죠. 이렇게 사회적 기반이 너무 다른 사례는 곧바로 상대측의 먹잇감이 될 수 있습니다. 그러므로 찬성 측은 미국의 사례가 아무리 강력한 근거라도 포기하는 편이 낫습니다. 우리나라와 너무 다른 외국의 사례들을 그대로 적용하기엔 무리가 있기 때문입니다.

셋째, 절대적 추종이 아님을 강조해라.

해외 사례를 사용할 때 상대측은 종종 우리에게 '해외 사례를 절대적으로 추종하려 한다'는 프레임을 씌우려고 합니다. 다른 나라가 했다고 우리나라가 반드시 따라야 하는 이유가 있냐고 묻는 것이죠. 다음 예시를 봅시다.

 선거연령을 만 18세로 인하해야 한다.

찬성 측	232개국 중 선거연령이 만 18세 이하인 국가가 총 215개국이나 됩니다.
반대 측	다른 나라들이 그렇게 한다고 해서 우리나라가 꼭 따라가야 할 이유가 있습니까?

찬성 측이 많은 국가가 선거연령을 만 18세로 한다고 말하

자, 반대 측은 다른 나라가 했다고 우리나라가 절대적으로 추종할 필요는 없다고 이야기하지요. 마치 우리 측이 외국의 사례를 무조건적으로 본받자고 주장한 것처럼요. 반대 측의 이러한 전략을 '절대적 추종 프레임'이라 합니다.

토론자들은 외국 사례가 정책 효과에 대한 검증이자 근거일 뿐임을 기억해야 합니다. 외국의 사례들을 '추종'하는 것이 아니라 '참고'하자는 것임을 분명히 해야 합니다. 위의 예시를 이어가보겠습니다.

찬성 측	232개국 중 선거연령이 만 18세 이하인 국가가 총 215개국이나 됩니다.
반대 측	다른 나라들이 그렇게 한다고 해서 우리나라가 꼭 따라가야 할 이유가 있습니까?
찬성 측	절대적으로 따르자는 것이 아닙니다. 그저 정책을 시행해야 하는 근거 중 하나로 세계적 흐름을 고려하자는 것입니다.

이처럼 상대가 절대적 추종 프레임을 씌우려 할 때는, 해외 사례는 절대적 기준이 아니라 참고 자료의 하나라는 것을 분명히 해야 합니다. 우리가 제시한 수많은 근거 중 하나가 해외 사례일 뿐이지, 해외 사례만을 근거로 정책을 시행하자는 게 아니라고요. 이러한 반론은 주장과 근거의 논리 구조를 다시 한 번 정리하는 역할을 합니다. 이로써 토론자들은 절대적 추종 프레임에서 쉽게 벗어날 수 있습니다.

그럼 해외 사례를 잘 활용할 수 있는 세 가지 방법을 정리해 보겠습니다.

첫째, 우리나라와의 공통 기반을 강조하자.

둘째, 우리나라와 사회·문화적 배경이 너무 다른 나라의 사례는 포기 하자.

셋째, 절대적 추종이 아님을 분명히 하자.

복기

"어? 오랜만이야!"

"그러게… 진짜 오랜만이다."

고등학교 2학년 때 토론대회 결승전에서 낯익은 친구를 만났습니다. 중학생 시절 토론대회 준결승전에서 마주했던 친구였죠. 그날의 결승전은 정말로 팽팽했습니다. 그러나 시간이 지나며 우리 팀이 토론의 흐름을 가져올 수 있었고 결국 우승을 차지했습니다.

경기가 끝난 후, 선생님께서 제게 물으셨습니다.

"축하해! 준비했던 논리들에서 다 나왔네? 어떻게 예측한 거야?"

"운… 운이 좋았죠."

저는 선생님의 질문을 어물쩍 웃어넘겼습니다. 선생님께선 모르셨을 겁니다. 저는 그 친구가 결승전에 올라올 것을 미리 알고 있었다는 사실을요. 중학교 때 마주했던 그 친구의 말솜씨는 삼 년이 지나서도 기억에 남을 만큼 유려했기 때문입니다.

그날 어물쩍 웃어넘겼던 승리의 비법을 지금에야 공개하자면 이렇습니다.

바둑에는 판국을 다시 처음부터 놓아보는 '복기'의 시간이 있습니다. 자신의 실수를 마주하고 대국의 흐름을 되짚어보는 시간이지요. 토론에서도 복기의 시간이 필요합니다. 부끄러워도 자신이 막혔던 논리들을 바라보고, '만약 이렇게 말했으면 어땠을까, 다르게 표현했다면 승패가 뒤집히지 않았을까' 끊임없이 고민해야 합니다. 그렇게 하고 나면, 복기하지 않았다면 몰랐을 반론들과 풀기 힘들 것만 같았던 논리 사슬의 파훼법이 보입니다.

토론은 바둑처럼 승패가 정해지는 경기입니다. 경기가 끝나면 승자는 환희에 차고 패자는 여러 복잡한 감정을 겪게 되지요. 저는 그 감정들을 억누르고 차분하게 토론을 복기하려 애써왔습니다. 스스로의 실수를 인정하고 앞으로 같은 실수를 하지 않으려면 어떻게 해야 할지 고민했습니다. 이 책에 수록된 여러 토론 전략도 그 고민의 결과입니다.

결승전에서 만난 그 친구는 알았을까요? 제가 삼 년 전 그날의 대국을 찾아 여러 자료를 복기하고, 그 친구가 나갔던 토론대회의 영상들을 보며 자주 사용하는 패턴들의 취약점을 찾기 위해 애썼다는 사실을 말입니다. 결국 그날의 우승은 운이나 우연이 아닌, 끊임없는 노력과 실수를 직면하는 용기가 만들어준 결실이었습니다.

　그렇기에 바둑기사 이창호는 복기에 대해 이런 멋진 표현을 남기지 않았을까요?

　승리한 대국의 복기는 '이기는 습관'을 만들어주고,
　패배한 대국의 복기는 '이기는 준비'를 만들어준다.

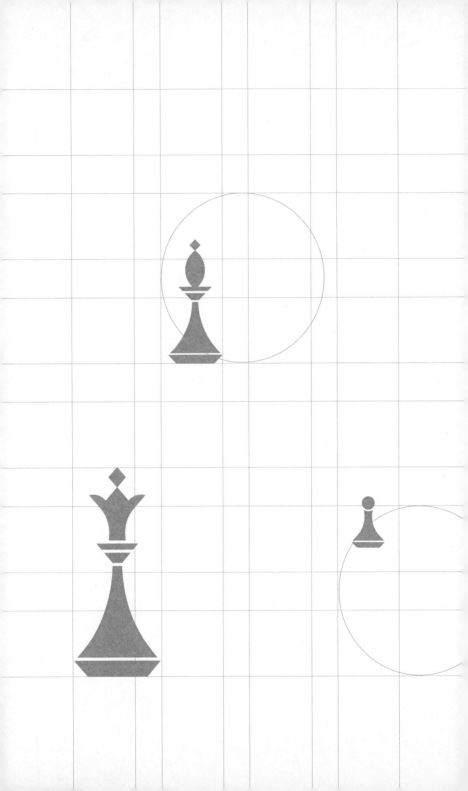

6장

체크메이트
(checkmate)

상대가 절대로 피하지 못하는 상태

41.   더티 복싱
: 인용을 통한 논리 타겟팅

　MMA를 시청하다 보면 더티 복싱을 구사하는 격투기 선수들을 보게 됩니다. 더티 복싱은 상대와 거리를 둔 상태에서 타격하는 기존의 복싱과는 다릅니다. 오히려 상대가 거리를 두지 못하도록 한 손으로 뒷목을 단단히 붙잡고 다른 한 손으로는 얼굴을 계속 때립니다. 상대는 목이 잡힌 상태로 도망가지도 못하고 정확한 타격을 반복해서 맞게 됩니다.

　토론에서도 더티복싱이 필요할 때가 있습니다. 청중에게 '상대의 이 논리를 붙잡고 때릴 겁니다!'라고 알려주는 것입니다. 이렇게 내가 공격할 논리를 타겟팅하는 과정에서 중요한 것은 '상대방의 말을 그대로 인용하는 것'입니다. 한 가지 예를 들어보겠습니다.

논제 사형제를 폐지해야 한다.

반대 측　　사형 제도는 사람들에게 겁을 주어 강력범죄를 저지르지 못하도록 억제하는 수단이 되므로, 폐지해서는 안 됩니다.

찬성 측　　반대 측은 사형제의 <u>일반예방적 효과</u>를 이야기했습니다. 그러나 이는 신뢰할 수 없습니다. 실제로 사형 제도를 폐지하고도 범죄율이 떨어진 사례들이 존재하며, 학계에서도 사형 제도와 범죄율 간의 일관적인 비례성이 입증된 바가 없기 때문입니다.

　　찬성 측은 반대 측의 주장을 '일반예방적 효과'라는 짧은 말로 요약합니다. 문제는 이렇게 축약하면 청중은 반대 측에서 뭐라고 주장했는지 잘 기억하지 못한다는 것입니다. 그러면 우리가 충분히 설득력 있는 반론을 제시하더라도 제대로 전달되지 못합니다. 따라서 토론자들은 공격할 상대 논리의 뒷목을 정확히 붙잡아야 합니다. 청중에게 우리가 어떤 논리에 대해 반박하고 있는지 전달하는 것입니다.

　　그럼 앞선 사례에 더티복싱 기술을 적용해보겠습니다.

찬성 측　　<u>반대 측은 '사형 제도가 사람들에게 겁을 주어 범죄를 억제하는 효과가 있다'고 말씀하셨습니다.</u> 그러나 사형제의 범죄 예방 효과는 신뢰할 수 없습니다. 실제로 사형 제도를 폐지하고도 범죄율이 떨어진 사례들이 존재하기 때문이며, 학계에서도 사형 제도와 범죄율 간의 일관적인 비례성이 입증된 바가 없습니다.

반대 측은 찬성 측의 발언을 '그대로 인용합니다.' 이로써 청중은 찬성 측 주장이 무엇이었는지 더 쉽게 기억해낼 수 있겠지요? 이렇게 논리를 명확히 타겟팅하면 반론의 전달력이 높아집니다. 상대측 논리의 뒷목을 잡음으로써 정확한 타격감을 전달할 수 있는 것입니다.

42.   스톡홀름 신드롬
: 반론은 짧게, 주장은 길게

 1973년 스톡홀름에서 은행 강도들이 인질들을 151시간 동안 잡아두고 경찰과 대치하는 사건이 발생했습니다. 이후 무사히 구조된 인질들은 면담에서 충격적인 태도를 보이는데요, 자신들을 구조한 경찰을 적대적으로 대하며 도리어 강도들에 대한 애착을 드러낸 것입니다. 인질이나 피해자였던 사람들이 인질범이나 가해자 들에게 애착이나 온정을 느끼는 현상을 가리키는 용어 '스톡홀름 신드롬'은 여기서 유래했습니다.

 토론에서도 스톡홀름 신드롬이 나타날 때가 있습니다. 토론자들이 상대를 비판하는 데 지나치게 많은 시간을 할애하면, 청중들이 상대 논리에 자주 노출되면서 오히려 그 논리를 더 잘 기억하게 되는 것입니다.

토론에서 자기 주장을 논리 있게 설명하고 청중의 공감을 얻기란 정말 힘든 일입니다. 그에 비해 상대 주장에서 흠집을 찾아 비판하는 것은 상대적으로 쉽죠. 그래서 토론자들은 주장을 강화하기보다는 상대의 주장을 비판하는 데 많은 시간을 할애하고는 합니다.

여기서 스톡홀름 신드롬이 발생합니다. 청중은 주장의 완성도와 무관하게 많이 노출된 논리가 더 설득력 있다고 생각할 수 있습니다. 따라서 우리는 짧게 반박하고 왜 우리 측 주장이 옳은지를 중심으로 논의를 전개해나가야 합니다. 상대방이 왜 틀렸는지를 논증하기보다 우리 측 주장이 더 합리적인 이유를 설명하는 것입니다. 예시를 하나 들어보겠습니다.

 홍길동은 의적이다.

반대 측   남의 물건을 훔치는 일은 결국 도적질입니다.

찬성 측   [상대 비판] 홍길동이 도적질을 했다고 말씀하셨습니다. 그러나 홍길동만 도적질을 했나요? 관리들도 백성들의 재산을 도적질했습니다. 홍길동은 백성들이 빼앗긴 재산을 다시 그들에게 돌려준 것뿐입니다.
[주장 강화] 무엇보다 홍길동의 목적은 사적인 이익이 아니라 백성들의 행복이었습니다.

찬성 측이 반대 측을 비판하는 데 많은 시간을 할애하고 있죠? '홍길동이 도적질을 했다'는 반대 측의 주장을 여러 번 반복하면서요. 정작 "홍길동의 목적은 백성들의 행복이었다."라는 자신들의 주장은 너무 짧아 충분히 전달되지 않았습니다. 따라서 청중은 찬성 측보다 반대 측 주장을 더 잘 기억하게 될 것입니다. 그럼 이제 반론의 구조를 다음과 같이 바꿔봅시다.

찬성 측 [상대 비판] 홍길동이 도적질을 했다고 말씀하셨습니다. 그러나 홍길동은 관리들이 도적질한 재산을 다시 주인에게 돌려준 것입니다.

[주장 강화] 무엇보다 홍길동의 목적은 사익이 아니라 백성들의 행복이었습니다. 홍길동은 관리들이 부당하게 취득한 재산을 백성들에게 나눠줬습니다. 이 과정에서 인명 피해도 일어나지 않았습니다. 실제로 홍길동 전문집에는 백성들이 홍길동을 지지했다는 구문이 나옵니다. 이러한 사실은 그의 행동이 의로웠음을 알려줍니다.

이번엔 상대에 대한 비판보다 우리 측 주장이 더 두드러지죠? 청중은 홍길동의 행동은 의로웠다는 우리 측 주장에 더 많이 노출되었습니다. 따라서 스톡홀름 신드롬에 빠지지 않고 우리 측 주장을 더 잘 기억하게 될 것입니다. 이렇게 우리 측 주장의 비중을 높이면 청중의 뇌리에 상대 주장이 계속 맴도는 현상을 예방할 수 있습니다. 기억하세요. 청중이 스톡홀름 신드롬에 빠지지 않도록 반론은 짧게, 우리 측 주장은 길게 말해야 한다는 것을요.

43. 200명을 살리는 vs 400명이 죽는
: 자료 표현법

철수는 몹쓸 병에 걸렸습니다. 의사 선생님은 불운하게도 완벽한 치료 방법이 없다고 말했지만, 철수는 제발 살려달라고 끈질기게 매달렸습니다. 의사 선생님은 고민 끝에 두 가지 선택권을 줍니다.

> A 치료법: 치료를 받은 600명 중 200명은 확실히 살았음.
> B 치료법: 치료를 받은 600명 중 400명은 확실히 죽었음.

두 치료법의 성공 확률은 똑같습니다. 그런데 놀랍게도 사람들은 B 치료법보다 A 치료법을 더욱 선호합니다. 확률은 똑같지만 표현 방식이 심리적으로 다르게 와닿기 때문입니다.

행동경제학자 리처드 세일러 교수의 일화는 이러한 조삼모사의 상황이 보편적이라는 사실을 알려줍니다. 한번은 그가 기말고사에 어려운 문제를 냈습니다. 학생들의 평균점수는 100점 만점에 72점에 불과했죠. 불만이 속출하자 그는 다음 학기에 만점 기준을 137점으로 올렸습니다. 그에 따라 학생들의 평균 점수도 96점으로 올랐죠. 그러자 신기하게도 학생들의 불만이 눈에 띄게 줄어들었다는 것입니다. '100점 만점에 72점'이나 '137점 만점에 96점'은 차이가 없습니다만, 학생들은 두 표현 방식을 전혀 다르게 받아들인 것이죠.

토론에서도 '자료를 어떻게 표현하느냐'에 따라 청중에게 전혀 다른 인상을 줄 수 있습니다. 따라서 우리는 유리한 표현 방식을 고민하고 청중을 설득해내야 합니다. 찬성 측은 컵에 물이 반이나 남아 있다는 식으로, 반대 측은 컵에 물이 절반밖에 남지 않았다는 식으로 자료를 설명하는 것입니다

'교통사고 처벌 강화'를 주제로 한 토론의 예시를 보며 자료 표현법에 대해 자세히 이해해보겠습니다.

 논제   운전자들의 교통사고 처벌을 강화해야 한다.

찬성 측   교통사고로 매년 사망하는 인원은 <u>4만여 명</u>입니다.

반대 측   교통사고로 매년 사망하는 인원은 <u>전체의 약 0.07퍼센트</u>입니다.

찬성 측은 "4만여 명"이라는 숫자를 통해 교통사고의 심각성을 강조하고 있습니다. 반면 반대 측은 "전체의 0.07퍼센트"라고 말함으로써 교통사고의 심각성을 축소하여 표현하려 합니다. 이처럼 토론자들은 '어떠한 방법으로 자료를 설득력 있게 표현할 것인지' 고민해야 합니다.

한편으로는 상대측이 교묘하게 비틀어 쓴 표현을 우리 측 시각으로 해석하여 반론할 수도 있겠죠. 예를 들면 다음과 같은 상황입니다.

찬성 측   교통사고로 매년 많은 사람이 죽습니다.

반대 측   교통사고로 매년 사망하는 인원은 전체 국민의 약 0.07퍼센트에 불과한데요?

찬성 측   그 0.07퍼센트가 4만 명에 달합니다. 교통사고로 매년 4만 명이 죽고 있는 것입니다.

반대 측은 자신들에게 불리한 '4만 명'이라는 숫자를 '전체 국민의 0.07퍼센트'라는 완곡한 표현으로 바꾸어 표현했습니다. 찬성 측은 상대가 자료를 자신에게 유리한 방식으로 표현하고 있다는 사실을 파악했습니다. 이에 표현을 '매년 4만 명'으로 교정함으로써 청중에게 교통사고의 심각성을 보여주었습니다.

토론자들은 양측의 입장에서 자료의 표현법을 고민해보아야 합니다. 자료가 어떻게 표현되느냐에 따라 청중은 다른 인상을 받게 되고 결국 자료가 주는 영향력에도 큰 차이가 발생하기 때문입니다.

44. 인정? 어 인정
: 묵비권은 인정입니다

10대들 사이에 유행했던 표현 중 '인정? 어 인정'이라는 말이 있습니다. 상대방에게 인정하냐고 묻고 대답할 틈도 없이 '어 인정'을 시전하는 깐족 화법이지요. 그러나 이 말속에는 최종 발언에서 활용할 수 있는 유용한 전략이 담겨 있습니다.

입론에서 토론자들은 각자의 주장에 관한 근거들을 제시합니다. 상대는 반론을 통해 우리가 제시한 근거들을 반박합니다. 그러나 토론하다 보면 상대가 우리 측이 제시한 근거들을 모두 반박하지 못하는 상황이 빈번하게 발생합니다. 예를 들어 우리 측이 세 가지 근거를 제시했는데, 두 가지만 반박하고 나머지 한 가지는 언급도 하지 않은 채로 반론을 마무리 짓는 것이죠. 이때 우리는 상대가 지적하지 않은 한 가지 근거를 되짚어줄 필요가 있습니다. 이 과정을 가장 효율적으로 진행할 수 있는 것이 바로 '인정? 어 인정' 전략입니다.

상대가 반박하지 않은 우리 측 근거들을 재차 언급하며 별달리 반박하지 않았으니 인정한 것으로 받아들이겠다고 이야기하는 것입니다. 우리가 말한 근거에 대해 당신이 묵비권을 행사했으니 '어 인정' 아니냐는 거죠. 실제로 아카데미식 토론에는 반대 측이 찬성 측의 논제 정의에 이의를 제기하지 않는다면 인정한 것으로 간주한다는 규칙이 있습니다. '인정? 어 인정' 전략은 상대가 놓친 우리 측 근거들을 청중에게 상기시키며 전반적인 토론의 맥락상 우리가 좀 더 우세했음을 어필할 수 있습니다.

그럼 실전 토론 예시를 통해 '인정? 어 인정' 전략을 이해해 보겠습니다.

논제 동물실험을 금지해야 한다.

찬성 측 동물실험을 금지해야 합니다. 그 이유는 첫째, 동물들의 생명권을 보장해야 하기 때문이고 둘째, 동물들은 인간과 공유하는 질병이 별로 없어서 효율성이 떨어지기 때문입니다.

반대 측 두 번째 근거에 대해 반론하겠습니다. 동물들이 인간과 공유하는 질병이 많습니다. 메르스도 낙타로부터 유래하지 않았습니까?

(최종 발언 시간)

찬성 측 저희는 첫 번째 근거로 동물의 생명권을 제시하였습니다. 그러나 반대 측은 이에 대해 별달리 반박하지 않으셨습니다. 따라서 찬성 측은 반대 측에서도 동물 생명권을 보장해야 한다는 데 동의하시는 것으로 받아들이겠습니다.

    찬성 측은 동물실험을 반대하며 '동물들의 생명권'과 '인간과 동물들이 공유하는 질병이 거의 없음'을 근거로 삼았습니다. 하지만 반대 측은 두 번째 근거만 반박하였습니다. 찬성 측은 반박의 공백이 생겼음을 인지하고 '인정? 어 인정' 전략을 활용하여 반대 측이 반박하지 않은 첫 번째 근거를 강조하고 있습니다. 이처럼 상대가 반박하지 않았던 우리 측 근거를 강조하면 청중에게 상대측의 반박이 불충분했다는 사실을 전달할 수 있습니다. 또한 우리 측 근거를 되짚어주며 주장의 설득력을 강화할 수도 있습니다.

    그러나 '인정? 어 인정' 전략에는 몇 가지 주의할 점이 있습니다. 먼저 이 전략은 토론의 마지막 단계인 최종 발언에서만 사용할 수 있습니다. 상대가 우리 측 근거를 '반박하지 않았다'는 말은 상대측의 반론이 완전히 끝났다는 사실을 전제하므로 상대가 더 이상 반박하지 못하는 상황에서 사용되어야 하기 때문입니다. 상대측에 반박 기회가 남아 있을 때 이 전략을 사용하면 오히려 상대에게 반박해야 할 포인트를 알려주는 꼴이 되겠지요?

다음으로는 '인정? 어 인정' 전략이 논리적 오류로 이어지지 않도록 주의해야 합니다. 상대가 근거를 제시하지 않았기 때문에 우리 측 주장이 맞다는 식의 허수아비 논증이 대표적인 예입니다. 허수아비 논증이 나타난 사례를 보겠습니다.

논제 철수가 영희 빵을 몰래 먹은 범인이다.

철수 나 아니야! 나라고 생각하는 근거가 뭔데?

영희 그럼 네가 내 빵을 안 먹었다는 증거 있어?

철수 그건 없는데….

영희 그럼 네가 내 빵을 먹은 범인이네. 철수야 이리 와봐.

영희는 철수가 증거를 대지 못했으니 범인이 맞다고 주장하고 있는데요, 상대가 반론을 제시하지 못했다고 해서 사실관계를 확정해버리는 것은 엄연한 논리적 오류입니다. '상대가 반론하지 못했다'는 사실과 '우리 측 주장이 옳다'는 사실은 별개의 문제니까요. 따라서 영희는 스스로 철수의 혐의를 입증해낼 증거들을 제시해야 합니다. 그럼 앞선 사례를 바꿔보겠습니다.

철수   나 아니야! 나라고 생각하는 근거가 뭔데?

영희   네 방에 빵가루가 떨어져 있었어. 네가 내 빵을 먹지 않았다면 그 빵가루들은 뭐니? 해명해봐.

철수   ….

영희   역시 아무 말 못하는구나. 맥락상 네가 범인일 가능성이 높아. 철수야 이리 와봐.

영희는 철수가 범인이라는 증거로 빵가루를 들었습니다. 철수는 빵가루에 대해 별달리 반박하지 못했고, 영희는 철수가 혐의를 인정한 것으로 받아들이고 있습니다. 분명 철수가 반박하지 못한다는 사실 자체가 영희의 판단이 옳다는 결론으로 귀결되지 않습니다. 하지만 토론자들은 이 사실을 강조함으로써 우리 측 주장에 신뢰성을 더할 수는 있습니다. 양측 토론자들은 상대 주장에 반박할 의무를 지기 때문에, 반박하지 않았다는 것은 그 주장을 수용하는 것으로 간주할 수 있기 때문입니다.

정리하자면 '인정? 어 인정' 전략은 상대측이 우리가 내세운 근거에 대해 반박하지 않았거나 반박이 불충분했을 때 상대가 이를 인정한 것으로 간주하는 전략입니다. 이 전략은 상대에게 더 이상 반박 기회가 없는 최종 발언에서만 사용되어야 합니다. 다만 토론자들은 '상대측이 반박하지 않았으니 우리 측 주장이 맞다'고 주장하는 논리적 오류를 범하지 않도록 주의해야 합니다. 상대가 지나쳐버린 우리 측 근거는 토론의 맥락을 정리하는 과정에서 강조할 포인트일 뿐, 그 자체로 우리 측 주장이 옳다는 근거가 될 수는 없기 때문입니다.

45. 메타포
: 은유를 통해 감성 자극하기

아리스토텔레스는 『수사학』에서 설득을 위한 세 가지 요소를 제시했습니다. 바로 로고스(이성), 파토스(감성), 에토스(인품)입니다. 아리스토텔레스는 그중 로고스가 파토스를 이길 수 없다고 이야기했는데요, 인간은 입증된 사실보다 믿고 싶어 하는 사실에 더 크게 영향받기 때문입니다.

여기서 주목해야 할 점은 사람들을 설득하기 위해선 딱딱한 논리 이상의 무언가가 있어야 한다는 것입니다. 감성을 자극하여 청중을 자신의 편으로 만들 수 있다면, 상대는 아무리 논리적인 주장을 펼치더라도 청중의 마음을 쉽게 움직일 수 없을 것입니다.

청중의 파토스를 자극하는 방법 중 하나로 메타포(은유)가 있습니다. 메타포는 최종 발언에서 자주 사용되는데요, 토론의 마지막 단계인 최종 발언에서의 메타포는 청중에게 더 긴 여운을 줘서 승패 판정에 큰 영향을 미칩니다.

그럼 메타포란 무엇일까요? 메타포는 'A(원관념)는 B(보조관념)이다.'의 형식을 가지고 있는데요, 원관념은 숨기고 그 속성을 잘 나타내는 보조관념을 활용해 청중에게 원관념의 특징을 강조하는 기법입니다. 예시를 보며 이해해보겠습니다.

논제 스크린 쿼터제를 폐지해야 한다.

찬성 측 최종 발언　스크린 쿼터제(원관념)는 마치 프레온 가스(보조관념)와 같습니다. 프레온 가스는 과거에 그 효율성을 인정받았으나 현대사회에 이르러 다양한 부작용이 밝혀져 관련 제품들을 수거하고 있는 실정입니다. 스크린 쿼터제도 마찬가지입니다. 과거 한국 영화 산업이 발전되지 않았던 시기, 스크린 쿼터제는 산업의 기반을 마련해주었습니다. 그러나 지금의 스크린 쿼터제는 프레온 가스처럼 비용만 낭비할 뿐, 마땅한 효용을 주지 못하는 실정입니다.

찬성 측은 '스크린 쿼터제'의 비효율성을 '프레온 가스'라는 보조관념을 활용해 표현했습니다. 이에 따라 자칫 심심할 수 있었던 최종 발언이 청중의 감성을 자극하며 여운을 남기고 있습니다. 논리적이지 않더라도 스크린 쿼터제를 폐지해야 할 이유를 더 효율적으로 전달한 것입니다.

한 가지 예시를 더 보겠습니다.

 GMO 식품을 확대 도입해야 한다.

찬성 측 최종 발언　　GM 작물(원관념)은 인도네시아의 오이와 파인애플(보조관념)입니다. 인도네시아에서 오이와 파인애플은 불임과 유산을 유발한다는 믿음 때문에 외면당했습니다. 유니세프에 따르면 인도네시아 여성들은 이러한 미신 때문에 심각한 영양실조를 겪고 있었습니다. GM 작물도 마찬가지입니다. 안전성이 충분히 검토되었는데도 외면한다면 잘못된 믿음으로 오이와 파인애플을 무시하는 것과 같습니다. 거짓 정보로 점철된 편견이 GM 작물의 커다란 이점을 누리지 못하게 합니다.

찬성 측은 사람들이 GM 작물에 대한 근거 없는 위기의식을 지니고 있음을 인도네시아의 사례에 은유했습니다. GM 작물이 안전하다는 사실을 논리적으로 입증하기보다 메타포를 통해 GM 작물이 위험하지 않다고 설득력 있게 주장하기를 선택한 것입니다.

메타포는 실전에서 정말 큰 영향력을 발휘합니다. 우리 측의 논리를 입체적으로 전달하여 청중이 자신도 모르게 고개를 끄덕이는 상황을 만들어낼 수 있기 때문입니다. TVN에서 방영된 〈대학토론배틀〉에서는 다음과 같은 메타포가 활용되었습니다.

논제 닷컴은 언론을 병들게 하는가?

찬성 측　우리는 포털 사이트(원관념)를 콜라(보조관념)라고 생각합니다. 콜라에는 칼슘이 2퍼센트 들어 있습니다. 칼슘, 그것은 우리 몸에 정말 좋은 성분이죠. 그렇다고 해서 우리는 콜라가 몸에 좋다고 하지 않습니다. 부분적인 장점이 있지만, 전체적으로는 단점이 훨씬 크기 때문입니다. 이와 같이 포털 사이트의 장점에 대해 이야기하는 반대 측의 주장, 일부 인정합니다. 그러나 전체적으로 바라보았을 때 닷컴은 언론을 병들게 하고 있습니다.

　찬성 측은 포털 사이트에 일부 장점이 존재하지만 전체적으로는 언론을 병들게 한다는 주장을 콜라에 빗대어 전달했습니다. '일부 장점도 있으나 전체적으로는 부정적'이라는 건조한 논리를 메타포를 통해 더 입체적으로 전달한 것입니다. 이처럼 최종 발언에서 메타포를 사용하면 청중의 파토스를 자극하여, 논리적으로 설득하는 것보다 더 큰 효과를 거둘 수 있습니다. 여러분도 상황에 알맞는 메타포를 통해 판정을 앞둔 청중에게 긴 여운을 선물해주면 어떨까요?

46.　　상대방의 대답이 길어질 때

　정해진 시간 안에 상대측과 직접 교류하는 교차조사는 시간 싸움입니다. 어떻게 해야 상대측의 발언 시간을 줄이고 내가 발언하는 시간을 늘릴 수 있을지 끊임없이 고민해야 합니다. 특히 대부분의 토론 형식에서 교차조사 시간에는 한쪽에 주도 권이 있으므로, 주도권을 잘 활용한다면 시간을 유연하게 관리할 수 있습니다.

　그러나 교차조사를 처음 접하거나 긴장하면 상대방의 대답이 길어질 때 주도권을 활용하지 못하고 초조해하게 됩니다. 여기서 끊으면 예의 없어 보일 것 같고, 다 듣고 있자니 준비한 질문을 못 할까 조바심이 납니다. 어디서 치고 들어가야 할지도 애매합니다. 교차조사 시간에 상대측의 대답이 길어진다면 어떻게 대처해야 할까요?

유명한 심리학 실험 중 복사기 앞에 줄을 선 사람들을 대상으로 새치기를 하는 것이 있습니다. 첫 번째 사람은 아무 이유도 대지 않고 새치기를 했습니다. 두 번째 사람은 "왜냐하면 제가 지금 복사기를 쓰고 싶거든요."라는 말 같지 않은 평계를 대며 새치기를 했지요. 이성적으로는 두 사람 모두 새치기를 허락받을 이유가 없습니다. 그러나 정작 실제 실험 결과에서는 큰 차이가 났습니다. 막연한 이유를 댄 두 번째 사람이 순서를 더 많이 양보받은 것입니다. 이러한 실험 결과는 양해를 구할 때는 막연하더라도 행위의 정당성을 설명하는 것이 중요하다는 사실을 보여줍니다.

교차조사에서 상대방의 대답을 끊는 것도 이와 같습니다. 첫 번째 사람처럼 아무 이유 없이 말을 끊으면 심사위원과 청중에게 부정적인 인상을 줄 수 있습니다. 따라서 발언을 끊는 이유를 만들어 행동의 정당성을 확보할 필요가 있습니다. 아예 질문할 때부터 '시간 관계상 짧게 대답해주시면 감사하겠습니다.' '요약하여 답변해주시면 감사하겠습니다.'와 같은 멘트를 덧붙여 발언을 끊는 행위에 대한 정당성을 확보해놓는 것입니다.

이러한 사전 작업이 분명 발언을 끊는 행위의 정당한 이유가 되지는 못합니다. 그러나 이 미묘한 차이가 받아들이는 사람들의 반응에 큰 영향을 미칩니다. 청중과 심사위원이 우리 측 행동을 예의 없다 여기지 않게 유도할 수 있는 것입니다. 심리학 실험에서 사람들이 두 번째 사람에게 새치기를 더 많이 허락해준 것처럼 말이지요.

그럼 발언을 끊을 때는 어떻게 해야 할까요? 가장 좋은 방법은 '요약'과 '지적'입니다. 상대측의 대답을 짧게 요약하고 그 대답의 한계점을 지적해주는 것이지요. 구체적인 방법은 다음과 같습니다.

> 실례지만 여기까지 듣겠습니다.
> [상대측의 주장을 요약한다.]
> 말씀하신 바는 다음과 같은 한계가 있습니다.
> [상대측 주장의 한계를 제시한다.]

여기서 중요한 것은 한계점을 말해주는 것입니다. 청중은 토론의 내용을 전부 기억할 수 없습니다. 만약 상대측 발언을 중간에 끊었다면 청중은 토론이 끝날 즈음에는 그 내용을 30퍼센트도 기억하지 못할 것입니다. 따라서 발언을 끊을 때 상대측 주장의 한계점을 다시 한 번 짚어준다면, 청중은 상대 발언의 오점을 더 또렷이 기억하게 될 것입니다. 예시를 보겠습니다.

원자력 발전을 폐지해야 한다.

찬성 측 원자력 발전을 신재생 에너지로 대체하면 되지 않을까요?

반대 측 그게 말처럼 쉽지 않습니다. 우선 신재생 에너지는 많은 영토를 필요로 합니다. 그러나 우리나라의 영토 순위는 110위로 매우 작습니다. 그러나 원자력발전소가 필요로 하는 영토는 다른 신재생 에너지에 비해….

반대 측 실례지만 여기까지 듣겠습니다.
[주장 요약] 영토가 작아서 신재생 에너지를 개발하기 힘들다고 이야기해주셨습니다.
[한계점 지적] 하지만 우리나라보다 영토가 작은 포르투갈도 신재생 에너지 생산비율이 59.7퍼센트나 된다는 점에서 찬성 측의 주장은 한계가 있는 것 같습니다. 그럼 다음 질문 드리겠습니다.

  반대 측의 대답이 길어질 기미를 보이자 찬성 측은 상대방의 주장을 요약하고 한계점을 짧게 언급해주면서 논점을 가져왔습니다. 이제 청중은 '영토가 작아서 신재생 에너지를 개발하기 힘들다'는 상대측 주장에는 오점이 있다고 기억하게 될 것입니다.

  하지만 상대측 대답을 세 번 이상 끊는 것은 좋지 않습니다. '저 팀은 상대방 말을 제대로 듣지도 않고 자기들 할 말만 한다'는 인상을 줄 수 있기 때문입니다. 따라서 상대측이 같은 말을 반복하거나, 너무 길어질 때에만 발언을 끊고 시간을 관리하는 것이 좋습니다.

47.   발언 시간이 부족할 때

TV 청문회에 항상 등장하는 말이 있습니다.

"발언 시간이 초과되어 마이크가 꺼졌습니다."

공개적 말하기에서 발언 시간을 조절하는 일은 정말 어렵습니다. 말하다 보면 시간을 신경 쓰지 못하고 길어지는 경우가 많기 때문입니다. 특히 실전 토론 상황에서는 새로운 쟁점이 등장하기 때문에 우리 측이 입증하거나 반박해야 할 논점은 점차 쌓이게 됩니다. 그래서 토론자들이 시간에 쫓겨 발언을 마무리하지 못하고 얼버무리는 상황이 많이 발생합니다.

문제는 청중이 이 얼버무림을 실수로 기억한다는 것입니다. 토론자가 급하게 발언을 마무리할 때, '저 팀은 준비를 제대로 안 했구나.'라고 생각할 수 있습니다. 정돈되지 않은 모습들이 쌓이고 쌓여 토론의 승패에까지 영향을 주는 것입니다.

그럼 발언 시간이 부족할 때, 우리는 어떻게 대처해야 할까요? 발언 시간이 부족한 상황을 다음 세 가지로 나누어보겠습니다

> 첫째, 다음 발언 기회가 있을 때
> 둘째, 다음 발언 기회가 없고, 상대측 시간이 적을 때
> 셋째, 다음 발언 기회가 없고, 상대측 시간이 많을 때

첫째, 다음 발언 기회가 있을 때
⇒ 논점을 제시한다.

다음 발언 기회가 있다면, 서두르지 않아도 괜찮습니다. 내 주장을 간단히 요약하고 다음 발언 때 이어가면 되니까요. 그렇다면 어떻게 발언을 매끄럽게 마무리하고 다음 발언 때 자연스럽게 이어받을 수 있을까요? 열쇠는 주장의 논점에 있습니다. 발언 시간이 부족할 때, 주장의 논점을 제시하며 발언을 마무리하고 다음 발언에서 앞의 논점을 이야기하며 발언을 이

어받는 것입니다. 예를 들면 다음과 같이 말이죠.

 부먹 vs 찍먹

（시간이 부족한 상황）

부먹파　　부먹이 근본이라는 증거를 제시하겠습니다. 북경식 탕수육 요리인 '꿔바로우'는 소스가 부어서 나옵니다. 시간 관계상 '부먹의 보편성'에 대한 이야기는 다음 발언 때 이어가겠습니다.

（다음 발언 시간）

부먹파　　앞서 이야기했던 '부먹의 보편성'에 대해 이어가보겠습니다.

　부먹파는 꿔바로우를 예시로 부먹이 보편적이라고 이야기하려 했습니다. 그런데 시간이 부족했죠. 그래서 주장의 논점인 '부먹의 보편성'을 제시하며 일단 발언을 매끄럽게 마무리했습니다. 그리고 다음 발언 시간에 '부먹의 보편성'으로 발언을 시작함으로써 자연스럽게 앞선 이야기를 이어받을 수 있었지요.

　여기서 핵심은 논점을 제시하고 마무리하는 것과 제시하지 않고 마무리하는 것은 차이가 크다는 것입니다. "시간 관계상 여기서 발언을 마무리하겠습니다." "다음 발언 때 이어서 이야기하겠습니다." 같은 발언은 논점이 제시되지 않아 다음 발언과 이어진다는 인상을 주지 못합니다. 청중이 앞선 발언을 기억해내는 데 더 오래 걸린다는 것을 의미하지요. 이와 달리 논점을 제시하며 발언을 마무리한다면, 청중은 토론자의 주장을 축약하여 전달받을 수 있습니다. 따라서 이후에 발언을 이어갈 때에도 토론자가 같은 논점에 대해 이야기하고 있음을 즉시 인식할 수 있을 것입니다.

둘째, 다음 발언 기회가 없고 상대측 시간이 적을 때
⇒ 우리 측 주장을 요약한다.

다음 발언 기회가 없는 경우에는, 상대측의 시간을 고려하여 전략을 펴야 합니다. 만약 상대측도 시간이 얼마 남지 않았다면, 상대측 주장을 반론하기보다는 우리 측 주장을 정리하여 청중에게 전달하는 것이 좋습니다. 예시를 보겠습니다.

논제 부먹 vs 찍먹

(부먹파에게는 30초, 찍먹파에게는 20초가 남은 상황)

부먹파   부먹이 근본이라는 증거를 제시하겠습니다. 먼저 중식 조리기능사 시험입니다. 중식 조리기능사 시험에서 탕수육에 소스를 붓지 않으면 미완성으로 여겨져 감점됩니다. 부먹이 중식의 근본이라는 것입니다. 북경식 탕수육 '꿔바로우'도 소스가 부어져서 나옵니다. 따라서 저희는 중식 조리기능사 시험과 꿔바로우의 사례를 통해 부먹이 탕수육을 먹는 알맞은 방법임을 주장합니다.

부먹 측은 시간이 부족해지자 마지막에 주장의 핵심을 요약하여 전달했습니다. 이는 사소하지만 청중을 설득하는 데 정말 중요한 부분입니다. 발언의 내용을 체계화하여 전달함으로써 청중이 토론의 흐름을 놓치지 않도록 도와주기 때문입니다.

셋째, 다음 발언 기회가 없고 상대측 시간이 많을 때
⇒ 질문하고 입증을 요구한다.

토론하다 보면 우리는 시간을 거의 다 썼는데, 상대측은 시간이 많이 남아 있는 경우가 있습니다. 이렇게 되면 불리해집니다. 상대측 주장을 듣다 보면 청중이 우리 주장을 기억하지 못하게 될 확률이 높기 때문입니다.

따라서 상대측 시간이 많이 남았을 때에는 상대가 우리 논점에 많은 시간을 할애하도록 유도해야 합니다. 상대에게 질문하고 쟁점에 대한 입증을 요구함으로써 최대한 우리 측 논점에 대해 많이 다루도록 하는 것입니다. 다음 예시를 봅시다.

 부먹 vs 찍먹

(부먹파에게는 3분, 찍먹파에게는 30초가 남은 상황)

찍먹파　　　　마지막으로 몇 가지 논점에 대한 질문을 드리겠습니다. 첫째, 부먹파는 튀김 요리의 본질이 '바삭함'이 아니라면 무엇이라고 생각하는지 궁금합니다. 둘째, 왜 탕수육을 시켰을 때 튀김과 소스가 따로 온다고 생각하시는지 여쭙고 싶습니다.

　찍먹파는 발언 시간이 30초밖에 남지 않았습니다. 그에 반해 부먹파의 발언 시간은 3분으로 넉넉한 상황입니다. 이에 찍먹파는 자신들의 주요 논점인 '바삭함'과 '배달 문화'에 대해 대답하도록 상대측을 유도하고 있습니다. 이렇게 하면 부먹파가 찍먹파 대신 바삭함과 배달 문화에 대해 이야기해줄 것입니다. 상대의 시간을 최대한 갉아먹으면서 청중이 우리 측 논점에 노출되도록 환경을 만든 것입니다.

　하지만 상대가 우리 측의 입증 요구를 무시할 수도 있지 않을까요? 그럴 땐 어떻게 해야 할까요? 만약 상대가 시간이 충분한데도 입증 요구에 응하지 않았다면, 최종 발언 때 상대측의 대답이 충분하지 않았다는 사실을 강조해주면 됩니다. 앞의 예시를 이어가보겠습니다.

논제　부먹 vs 찍먹

　　　　　(부먹파가 찍먹파의 질문과 입증 요구를 무시한 상황. 찍먹파가 최종 발언한다.)

찍먹파　　　　앞선 반론 시간에 찍먹파는 부먹의 바삭함 훼손과 소스를 따로 주는 배달 문화에 대한 부먹파의 입장을 요구하였습니다. 그러나 부먹파는 이 논점들에 별달리 반박하지 않으셨습니다. 따라서 부먹파는 찍먹파의 주장에 이견이 없는 것으로 받아들이겠습니다.

　부먹파는 찍먹파의 입증 요구를 무시해버렸습니다. 그러나 찍먹파는 부먹파가 질문에 대한 답을 제대로 내놓지 않았다는 사실을 활용해 자신들의 입지를 더욱 굳히고 있습니다. 최종 발언에서 토론의 흐름을 정리하면서 상대가 입증 요구를 무시했다는 사실을 분명히 한 것입니다. 이렇게 질문을 통해 입증을 요구하면 시간이 부족한 상황에서도 승기를 잡을 수 있습니다. 심지어 상대가 입증 요구를 무시하는 상황에도 말이지요. 특히 앞서 설명한 '인정? 어 인정' 전략과 결합하여 시간이 부족한 상황에서 입증을 요구하는 방식으로 사용할 수도 있겠습니다.

　그럼 각각의 상황에 대한 발언 시간 관리법을 정리해보겠습니다.

상황1. 다음 발언 기회가 있을 때
⇒ 논점을 제시하며 발언을 마무리하고 다시 논점을 제시하며 발언
　　을 이어받는다!
상황2. 다음 발언 기회가 없고, 상대측 시간이 적을 때
⇒ 우리 측 주장과 근거를 요약한다!
상황3. 다음 발언 기회가 없고, 상대측 시간이 많을 때
⇒ 입증을 요구하는 질문을 하자!

48.   교차조사 하는 법

    토론에서 가장 고통스러운 시간을 묻는다면 많은 학생이 단연 '교차조사' 시간이라 답할 것입니다. 준비된 원고를 읽는 입론이나 최종 발언과는 다르게 교차조사는 즉석에서 문답이 이루어지기 때문입니다. 따라서 토론자들은 어떻게 질문을 이어나가야 할지 방향을 잃거나, 예상치 못한 공격을 받아 크게 당황하고는 합니다.

    그럼 교차조사는 어떻게 해야 할까요? 사실 정해진 방법은 없습니다. 교차조사의 목적에 따라 활용해야 하는 방법들이 다르기 때문입니다. 따라서 이 장에서는 교차조사에 처음 임하는 분들을 위해 가이드라인을 소개해드리려 합니다. 만약 토론을 많이 경험해보신 분들이라면 이번 장을 과감하게 건너 뛰어도 좋습니다.

　교차조사는 크게 '사실 확인' '사실 조사' '의견 추궁'의 세 단계로 구성됩니다. 그럼 '인터넷 실명제'에 대한 토론 상황을 가정하고 단계별로 교차조사를 진행해보겠습니다.

1단계: 사실 확인

　청중에게 우리가 어떤 논리를 반박할 것인지 알리는 단계입니다. 상대측 토론자의 발언을 인용하여 상대의 발언 내용을 청중에게 확인시켜주는 것입니다. 예시를 보겠습니다.

 인터넷 실명제를 실시해야 한다.

찬성 측	[사실 확인] 반대 측은 인터넷 실명제가 표현의 자유를 침해한다고 말씀하셨습니다. 맞습니까?
반대 측	네. 맞습니다.

　찬성 측은 반대 측이 표현의 자유와 관련된 발언을 했음을 확인하였습니다. 이처럼 사실 확인 단계에서는 상대측의 발언이나 자료의 사실관계를 확인할 수 있습니다. 이것은 뒤에 있을 치명타를 위한 기초 빌드업입니다. 또한 청중에게 우리가

어떤 논리를 공격하고 있는지를 인지시킬 수 있습니다. 따라서 청중은 자연스럽게 교차조사의 흐름을 받아들이고 토론자들이 어떤 내용을 조사하고 있는지 쉽게 이해할 수 있습니다.

2단계: 사실 조사

확인한 상대 발언을 해석하여 제시하고 동의 여부를 묻는 단계입니다. 교차조사는 특정 논점을 지적하거나 드러내기 위해 진행됩니다. 따라서 토론자들은 앞서 확인한 상대 발언에서 우리 측이 반박하고자 하는 논점을 꺼내어 보여줄 필요가 있습니다.

상대측이 '붕어빵은 붕어 모양'이라고 발언했다고 가정해봅시다. 만약 공격하고자 하는 논점이 붕어의 머리 쪽에 있다면 "붕어빵은 붕어 모양이기에 머리 부분이 있겠네요?"라고 사실 조사를 할 수 있습니다. 상대의 발언을 해석하여 우리 측이 공격하고자 하는 논점을 드러내는 것입니다.

그럼 앞선 인터넷 실명제 토론의 예시를 이어가보겠습니다.

 인터넷 실명제를 실시하여야 한다.

찬성 측　　　[사실 확인] 반대 측은 인터넷 실명제가 표현의 자유를 침해한다고 말씀하셨습니다. 맞습니까?

반대 측	네. 맞습니다.
찬성 측	[사실 조사] 그렇다면 표현의 자유는 절대적으로 지켜져야 하는 권리라 생각하시는 겁니까?
반대 측	네. 개인의 권리이기 때문에 당연히 지켜져야 합니다.

찬성 측은 앞서 확인한 발언에서 '표현의 자유는 절대적으로 지켜져야 한다'는 반대 측의 입장을 해석해냈습니다. 그리고 이 해석에 대한 동의를 받아내고 있죠. 이렇듯 사실 조사는 상대측의 발언에서 우리가 공격할 논점을 끄집어내는 단계입니다. 우리가 공격할 '표현의 자유'라는 논점을 더 정밀히 타겟팅하는 것입니다.

그러나 사실 조사에는 몇 가지 주의점이 있습니다. 먼저 질문 형식이어야 한다는 것입니다. 사실 조사 단계는 상대의 발언을 해석하는 행위 자체보다 '상대가 그 해석에 동의한다'는 사실에 큰 의미가 있습니다. 따라서 질문하지 않고 상대 발언을 일방적으로 해석하고 넘어간다면 사실 조사의 큰 장점을 포기하는 것입니다.

다음으로 상대측이 동의할 수 있는 방식으로 해석해야 합니다. 사실 조사는 다음 단계인 의견 추궁으로 넘어가기 위한 과정이지 교차조사의 종착점이 아닙니다. 만약 상대 발언을 우리 입맛에 맞도록 무리하게 해석하는 바람에 상대가 동의하지 않는다면, 교차조사를 제대로 완성하지 못하고 사실 조사 단계에서 시간을 허비할 수 있습니다.

3단계: 의견 추궁

상대의 허점에 대한 의견을 묻는 단계입니다. 우리는 의견 추궁을 통해 교차조사를 완성하고 상대측에게 가장 치명적인 공격을 할 수 있습니다. 따라서 의견 추궁은 교차조사의 세 단계 중 가장 중요하며, 앞선 두 단계는 의견 추궁을 완성하기 위한 과정이라 보아도 무방합니다.

그럼 인터넷 실명제 예시에서 의견 추궁을 통해 교차조사를 완성해보겠습니다.

논제 인터넷 실명제를 실시하여야 한다.

찬성 측	[사실 확인] 반대 측은 인터넷 실명제가 표현의 자유를 침해한다고 말씀하셨습니다. 맞습니까?
반대 측	네. 맞습니다.
찬성 측	[사실 조사] 그렇다면 표현의 자유는 절대적으로 지켜져야 하는 권리라 생각하시는 것이 맞습니까?
반대 측	네. 개인의 권리이기 때문에 당연히 지켜져야 합니다.
찬성 측	[의견 추궁] 그러나 헌법 제37조 2항은 국민의 모든 자유와 권리는 국가안전보장, 질서유지 또는 공공복리를 위하여 필요한 경우에 한

하여 제한할 수 있음을 명시하고 있습니다. 인터넷 실명제를 통해
공공복리적 효과가 있다면 표현의 자유도 제한될 수 있지 않을까요?

반대 측   ….

   찬성 측은 헌법 제37조 2항에 대한 반대 측의 의견을 추궁
하고 있습니다. 사실 확인에서는 '표현의 자유'에 관한 발언 내
용을 확인하고, 사실 조사에서는 '표현의 자유는 절대적 권리'
라는 해석에 대하여 반대 측의 동의를 받았습니다. 그리고 의
견 추궁 단계에서 앞선 두 내용을 종합한 뒤 '표현의 자유는
제한될 수 있다'는 논리에 관한 반대 측의 의견을 추궁하고 있
는 것입니다.

   의견 추궁은 교차조사의 하이라이트입니다. 상대측은 앞의
두 단계에서 동의한 내용으로 인해 쉽게 질문에서 도망가지
못하며, 제대로 답변하기도 힘들어집니다. 이렇듯 교차조사를
단계별로 구성하면 상대측 토론자의 부담을 가중시킬 수 있습
니다. 숙련된 토론자들조차 잘 짜인 교차조사 앞에서는 쩔쩔
맵니다.

   그럼 이쯤에서 많은 학생이 묻는 질문에 답하겠습니다.

   "교차조사에서는 '예' 또는 '아니오'로 답해달라는 폐쇄형
질문을 하는 게 좋은가요?"

많은 학생, 심지어 토론을 가르치는 선생님들조차 교차조사에서 폐쇄형 질문을 던지는 것이 무조건 좋다고 이야기합니다. 그러나 초반에 이야기했듯 교차조사는 그 목적에 따라 활용할 수 있는 방법이 달라집니다. 따라서 토론자들은 무조건 폐쇄형 질문을 던지기보다 우리가 질문하는 목적을 되새겨보아야 합니다. 만약 발언 내용을 확인하거나 해석에 대한 동의 여부를 묻는 사실 조사 단계라면 폐쇄형 질문이 더 큰 효과를 발휘할 것입니다. 그러나 상대방의 허점을 공략하여 의견을 묻는 의견 추궁 단계에서는 폐쇄형 질문보다는 개방형 질문이 어울리겠지요. '예' 또는 '아니오'로 상대방의 답변을 한정 짓는 폐쇄형 질문은 의견 추궁 단계의 파급력을 떨어뜨릴 뿐만 아니라, 애초에 이분법적으로 대답할 수 있는 질문이 아니기 때문입니다. 즉 토론자들은 시간 관리를 위해 무조건적으로 폐쇄형 질문을 사용하기보다 교차조사의 목적에 맞게 질문의 형식을 선택하는 것이 좋습니다.

그럼 교차조사의 3단계를 각각 정리해보겠습니다.

1단계. 사실 확인: 상대 발언의 내용을 확인하는 단계

2단계. 사실 조사: 상대 발언을 해석하여 동의 여부를 묻는 단계

3단계. 의견 추궁: 상대 발언의 허점에 대한 의견을 묻는 단계

49.　교차조사에서 당황하지 않는 법 (1)
　　　: 질문 편

　　오늘 철수네 반은 동화 『개미와 베짱이』를 읽고 토론하고 있습니다. 철수는 베짱이 편에서, 영희는 개미의 편에서 교차조사를 진행하고 있습니다. 그럼 철수가 얼마나 잘하는지 볼까요?

　논제　개미의 삶과 베짱이의 삶, 둘 중 무엇이 더 좋은가?

철수　　개미는 성실하다고 하셨는데 맞습니까?

영희　　네. 맞습니다.

철수	성실한 게 좋은 겁니까?
영희	네?
철수	성실한 게 좋은 거냐고요.
영희	네…. 때에 따라 다르겠지만 대부분 좋은 결과를 만들어냅니다.
철수	그럼 안 좋은 상황이 있을 수 있다는 건데요, 개미처럼 열심히 일하고도 제대로 된 보상을 받을 수 없는 상황이 있습니다. 이에 대해선 어떻게 생각하십니까?
영희	(차분한 목소리로) 그런 경우는 매우 드물다고 생각합니다.
철수	(당황하며) 아… 그러시군요…. 그럼 다음 질문으로 넘어가겠습니다.

분명 철수가 교차조사의 주도권을 가지고 있었는데 어느새 빼앗겨버린 듯한 모습이네요. 무언가 이야기하고 싶은 것이 있었는데 잘 전달하지 못한 느낌입니다. 영희가 차분히 대답하자 당황하기까지 합니다. 이렇게 교차조사 시간에 주도권을 지닌 토론자들이 예상치 못한 상황에 당황하는 경우가 많은데요, 이런 경우는 크게 두 가지입니다.

첫째, 질문을 어떻게 이어나가야 할지 모를 때
둘째, 질문을 어떻게 마무리할지 방향을 잃었을 때

다음 상황에서 토론자들이 당황하지 않을 수 있는 간단한 방법 두 가지를 소개합니다.

첫째, 질문을 어떻게 이어나가야 할지 모를 때
⇒ 확인 빌드업을 한다.

교차조사에 대해 많이들 착각하는 사실이 있습니다. 바로 '교차조사 시간에 반론까지 해야 한다'는 강박입니다. 그러나 반론하는 순간 재반론이 오기 마련이고, 예상치 못한 반론은 토론 경험이 많은 사람들에게조차 부담스러운 일입니다.

교차조사 시간에 꼭 반론까지 이어갈 필요는 없습니다. 따라서 토론을 처음 접하거나 예상치 못한 반론이 두렵다면, 상대측 주장을 무너뜨리기보다는 확인하는 질문을 던지는 것이 좋습니다. 상대측 주장을 확인하고 내 반론에 필요한 동의를 받아놓는 것을 '확인 빌드업'이라고 합니다. 예시를 들어보겠습니다.

 논제 국립공원에 케이블카를 설치해야 한다.

[교차조사 시간: 확인 빌드업]

반대 측   찬성 측도 케이블카 설치 과정에서 생태계 파괴를 최소화해야 한다고 생각하시는 것이 맞습니까?

찬성 측   예. 맞습니다.

[반론 시간: 반론]

반대 측   교차조사에서 찬성 측은 자연 파괴를 최소화해야 한다는 데 동의하셨습니다. 그러나 케이블카 설치 과정에서 생태계가 심각하게 파괴되는 것은 필연입니다. 자연 파괴를 최소화해야 한다고 말씀하시면서 케이블카 설치에 찬성하시는 것은 모순이라고 생각합니다.

반대 측은 교차조사 시간에 찬성 측도 생태계 파괴를 최소화하해야 한다는 데 동의함을 확인하였습니다. 그리고 반론 시간에 확인 빌드업해놓은 주장을 인용하여 더 효과적으로 반론을 펼 수 있었습니다. '교차조사 시간에 질문부터 반론까지 모든 걸 다 해야 한다!'라는 마인드로 접근하기보다는 '다음 반론을 위한 토대를 다져놓자'는 자세로 임한다면 교차조사에 대한 부담감이 줄어듭니다.

그럼 확인 빌드업을 위해선 무엇을 해야 할까요? 우리 측 반론에 필요한 전제들과 상대측도 동의할 만한 우리 측 이야기들을 교차조사 시간에 질문하시는 것을 추천드립니다. 위의 예시에선 찬성 측도 동의할 만한 '자연 파괴 최소화'라는 키워드에 대해 확인 빌드업을 진행하였습니다. 즉 서로가 공유하는 전제 혹은 상대측이 인정할 만한 당위적인 가치들에 대한 동의를 받아놓고 반론 시간에 활용하는 것입니다.

둘째, 질문을 어떻게 마무리해야 할지 모를 때
⇒ 미괄 의문문을 사용한다.

교차조사에서 가장 많이 나오는 말이 있습니다. 바로 "이에 대해 어떻게 생각하십니까?"입니다. 이유는 간단합니다. 딱히 할 말이 없기 때문입니다. 예를 들어 이런 상황입니다.

주장: 나는 이렇게 생각한다.

⇩

근거: 근거는 이것이다.

⇩

(할 말 없음)

⇩

이에 대해 어떻게 생각하십니까?

토론자들은 주장과 근거를 제시한 이후 길을 잃어버리곤 합니다. 질문하고는 싶은데 어떻게 이어나가야 할지 모르는 토론자들은 '이에 대해 어떻게 생각하십니까?'라는 개방형 질문으로 발언을 마무리하지요. 문제는 개방형 질문은 상대측 토론자에게 자유로운 답변을 허용하여 대답 시간이 길어지게 한다는 것입니다.

이러한 문제를 극복할 수 있는 방법이 바로 주장과 근거의 위치를 바꾼 '미괄 의문문'입니다. 우리가 기존에 사용하던 주장-근거의 구조를 뒤바꾸어, 근거를 먼저 제시한 후 의문문으로 질문하는 것입니다.

근거: 이런 근거가 있다.

⇩

그럼 [주장]이 옳은 것 아닌가?

이를 '소년범 처벌을 강화해야 한다.'라는 논제에 적용해보
겠습니다.

왼쪽은 우리가 흔히 사용하는 논리 구조입니다. 소년범 처
벌을 강화해야 한다며 소년범죄가 증가하고 있다는 사실을 근
거로 제시하고는 '어떻게 생각하십니까?'라고 개방형 질문을
던지고 있죠. 반면 오른쪽 논리 구조는 소년범죄가 증가한다
는 근거를 먼저 제시한 뒤 미괄 의문문 형식으로 주장을 펼칩
니다. 이러한 전략을 쓰면 상대측이 자유롭게 대답하기가 어
려워집니다. 또한 청중에게도 보다 명확하게 질문했다는 인상
을 주게 됩니다.

그럼 교차조사에서 당황하지 않는 법 두 가지를 정리해보겠

습니다.

> 방법1. 확인 빌드업을 사용하라.
> 방법2. 미괄 의문문을 사용하라.

50. 교차조사에서 당황하지 않는 법 (2)
: 대답 편

이번엔 영희가 주도권을 지닌 교차조사 시간이 왔습니다.
과연 철수는 잘 대답할 수 있을까요?

논제 개미의 삶과 베짱이의 삶, 둘 중 무엇이 더 좋은가?

영희　　시험 공부를 열심히 한 사람과 대충 한 사람이 있습니다. 누가 더 좋
　　　　은 성적을 받을까요?

철수　　시험 공부를 열심히 한 사람이겠죠.

영희　　그럼 베짱이 측에서도 성실의 가치를 인정하신 것 아닙니까?

철수	….
영희	답변 부탁드립니다.
철수	그러니까… 음… 네. 맞습니다.
영희	성실의 가치를 인정하셨다는 것은 개미의 삶을 옹호하신다는 뜻 아닌가요?
철수	(당황한 채 침묵을 유지한다.)

철수는 영희의 날카로운 질문에 당황해서 제대로 된 답변을 내놓지 못하고 있습니다. 아마 이 순간이 토론자들이 가장 두려워하는 순간이자, 회피하고 싶은 순간일 것입니다.

이처럼 교차조사를 하다 보면 머릿속이 백지장처럼 새하얘지는 순간들이 찾아오기도 합니다. 이럴 때 당황하지 않고 대처하는 방법은 무엇이 있을까요? 긴급 상황에서 사용할 수 있는 교차조사 대답법 두 가지를 소개합니다.

첫째, 고민할 시간을 확보한다.

가장 현실적인 대처 방법은 고민할 시간을 확보하는 것입니다. 교차조사에서 가장 안 좋은 모습은 상대 질문에 대답하지 못하고 침묵을 유지하는 것입니다. 청중에게 밀린다는 인상을 심어줄 뿐만 아니라, 판정에도 큰 영향을 미치기 때문입니다.

따라서 제대로 된 답변이 생각나지 않는다면 당황한 채 침묵을 유지하기보다는 질문을 통해 시간을 벌어야 합니다. "발언을 다시 한 번 정리해주시겠습니까?" "이 부분이 제대로 이해되지 않는데 다시 설명해주시겠습니까?" 등의 질문을 던져 상대측이 질문을 재정비하는 동안 적절한 답변을 생각해내는 것입니다.

물론 시간을 확보하는 것이 날카로운 질문을 극복하는 본질적인 방법은 아닙니다. 그러나 아예 답변하지 못하는 것보다는 불완전한 답변이라도 내놓는 편이 바람직합니다. 제대로 답변하지 못하더라도 이러한 질문을 던지는 것은 의미가 큽니다. 상대측이 질문을 다시 정리하는 과정에서 시간을 소비하기 때문입니다.

그러나 상대측의 모든 질문에서 시간을 확보하려 드는 것은 좋지 않습니다. 청중이 의도적으로 토론의 흐름을 지연시키고 있다는 사실을 눈치채기 때문입니다. 시간을 가진 후 좋은 답변을 내놓더라도 이미 안 좋은 이미지가 각인되어 제대로 전달되지 않을 가능성이 높습니다. 따라서 토론자들은 최대한 답변하도록 애쓰되 정말 날카로운 질문들에 한해서만 응급조치를 취하는 것이 좋습니다.

둘째, 다음 턴으로 토스한다.

정말 막막한 질문이 주어질 때가 있습니다. 아무리 생각해도 좋은 답변이 떠오르지 않을 때, 토론자들은 무리해서 불완전한 답을 내놓기보다는 대답을 미루는 방법을 택할 수 있습니다. 다음 예시를 보겠습니다.

논제 민트초코, 허용해야 하는가?

찬성 측   반대 측은 민트초코가 특이 취향이라 말씀해주셨습니다. 맞습니까?

반대 측   특이한 것을 넘어서 희귀하다고 생각합니다.

찬성 측   그런데 민트초코가 유명 아이스크림 프랜차이즈에서 잘나가는 메뉴 상위 10위권 안에 든다는 사실을 알고 계십니까?

반대 측   (당황) 네…. 그 부분에 대해서는 반론 시간에 더 자세히 말씀드리겠습니다. 다음 질문 주시면 감사하겠습니다.

찬성 측은 민트초코가 특이 취향이 아니라는 것을 민트초코 아이스크림 판매량을 통해 입증하고 있습니다. 반대 측은 예상하지 못한 질문을 만나 당황한 모습입니다. 이렇게 토론에서는 시간을 가져도 좋은 답변을 하지 못할 것임을 직감하는 순간들을 마주하게 됩니다. 이럴 때 토론자들은 최대한 포커페이스를 유지하며 답변을 미뤄야 합니다. 민트초코 예시에서 반대 측은 반론 시간에 답변할 것을 약속하며 다음 질문으로 화제를 전환하고 있습니다. 최소한 우리 측이 상대의 잘 짜인 질문에 대답하지 못하고 말문이 막혀버리는 상황만은 막고자 하는 것이죠.

그러나 이 방법은 첫 번째 방법과 마찬가지로 상대의 날카로운 질문을 극복하는 본질적인 방법은 아닙니다. 따라서 토론자들은 이후 남은 시간 동안 최대한 좋은 답변을 구상해야 합니다. 만약 약속한 답변을 내놓지 않고 넘어간다면 상대측 토론자가 최종 발언에서 이 사실을 강조했을 때 더욱 치명타를 맞을 수 있기 때문입니다.

교차조사의 대답은 상대방이 어떤 질문을 어떻게 던지느냐에 따라 달라지기 때문에 명확한 극복법을 제시하기 힘듭니다. 따라서 토론자들은 상대의 예상 질문과 적절한 답변 들을 미리 준비해놓는 것이 좋습니다. 그러나 토론에서는 분명 예상치 못한 질문이 나옵니다. 이럴 때는 답변하지 못한 채 침묵을 지키기보다 고민할 시간을 벌거나 답변을 미루는 응급처치를 취하는 것이 좋습니다.

어쩌면 식은땀이 나고 머릿속이 새하얘지는 것 또한 토론의 즐거움이 아닐까요?

세상에 더 많은 토론이 필요한 이유

"으아악! 잠깐… 잠깐만요, 선생님! 너무 아파요!"

"아이고… 이 녀석아. 그렇게 처음 다쳤을 때 아프더라도 잘 치료했어야지."

"흑흑…."

초등학생이었을 때, 길을 걷다 넘어져 무릎을 다친 적이 있습니다. 눈물이 맺힌 채로 보건실로 향하는데 고민이 생겼습니다.

'잠깐만, 아마 이대로면 빨간약 바를 텐데…. 그거 엄청 따갑고 아프던데….'

고민 끝에 보건실을 뒤로 하고 집으로 돌아가 대충 연고를 바르고 잠이 들었습니다. 그렇게 이틀이 지난 후, 결국 사단이 났습니다. 상처에 고름이 생겼죠. 결국 엄마의 손에 이끌려 병원에 가 고름을 긁어내고 서비스로 빨간약까지 바르게 되었습니다.

아마 많은 학생이 토론을 딱딱하게 생각하는 이유는 그날의 제가 보건실을 등졌던 이유와 비슷하리라고 생각합니다. 사람들은 평화를 좋아합니다. 싸우기보다는 화해하기를 원하고, 불편하게 대립하기보다는 깔끔히 일치하기를 원합니다. 토론은 평화에 균열을 만드는 일입니다. 상대의 약점을 드러내고, 또 상대로부터 나의 약점을 공격받는 논쟁이 필연적이지요. 그렇기에 토론은 따갑습니다. 그리고 가끔은 너무 아프기도 합니다.

자기소개를 할 때면 토론에 대한 부정적인 시선을 명확하게 느끼곤 하는데요, "저는 토의하고 말하는 걸 좋아해요."라고 말하면 사람들은 저를 친근하고 외향적인 사람으로 바라봐줍니다. 그러나 "저는 토론 마니아입니다."라고 소개한다면, 10초간 정적이 흐릅니다. 사람들의 시선은 제 책가방과 검정색 안경에 쏠려 있지요.

이러한 시선에도 불구하고 저는 우리에게 더 많은 토론이 필요하다고 생각합니다. 지금의 우리는 상처를 대면하기보다는 너무도 빨리, 그것도 대충 화해하는 데 급급하기 때문입니다. 제대로 싸우지 않고 결론 내리고, 그래도 최악은 면했다며 상처에 연고를 바르고 잠에 들곤 합니다. 그러나 이러한 상황은 발에 못이 박힌 환자의 고통을 진통제로 다스리는 것과 다를 바 없습니다. 위장된 평화라는 진통제로 발에 박힌 못을 방치한 채 걸어간다면, 못은 더 깊게 박히고 우리는 더 많은 진통제를 필요로 하게 될 것입니다. 결국 상처에는 고름이 생기고 약효가 떨어질 즈음에는 우리가 생각했던 최악보다 더한 고통을 마주하게 되겠지요.

그렇기에 저는 우리에게 필요한 건 화합하는 토의가 아니라 '제대로 토론하는 법'이라 말하고 싶습니다. 우리에게는 발에 박힌 못을 똑바로 마주하고, 아프겠지만 그래도 큰 마음 먹고 힘껏 뽑아낼 수 있는 용기가 필요합니다. 아마 굉장히 따가울 것입니다. 벌어진 상처에서는 피가 흐르겠지요. 그러나 먼 훗날의 우리는 싸움을 결심했던 자신을 돌아보며 말할 것입니다.

아프지만 용기 있게 잘 치료했다고,
이젠 진통제 없이도 잘 걸을 수 있다고.

엔드 게임

- 고객님의 계정에서 비정상적인 활동이 감지되었습니다. 한 달간 계정 사용이 정지됩니다.

'어? 블로그에 쓸 글감을 잔뜩 들고 나왔는데 계정 정지라니!'

2022년 4월 17일, 전역 전 마지막 휴가를 앞두고 접한 블로그 계정 해킹 소식.
이 책은 그로부터 시작되었습니다.

저는 망연자실했지만, 계정 정지가 풀리기를 기다리며 써놓은 글감들을 하나씩 완성해두기로 했습니다. 그렇게 2주간의 휴가 동안 밤낮을 녹인 끝에 34편으로 이루어진 초고가 탄생했습니다.

부대로의 복귀를 앞둔 새벽, 문득 욕심이 생기더군요. 더 많은 사람이 토론에 대한 나의 진심을 알아주었으면 좋겠다는, 그리고 누군가에게 도움이 되고 싶다는 욕심 말입니다. 그렇게 설레는 마음으로 출판사에 메일을 보냈습니다.

　부대에서 받은 도서출판 들녘의 답장은 제게 새로운 시작을 알리는 신호탄과 같았습니다. 군인이 아닌 '나'로서, 해야 하는 것이 아닌 하고 싶은 일을 시작할 수 있다고 선언하는 것만 같았습니다. 미팅을 위해 파주출판도시를 찾았을 때는 이곳에 있는 수많은 책 가운데 나의 이야기를 보탤 수 있다는 사실에, 솔잎 향 가득한 책 내음이 더욱 깊어지리라는 생각에 기뻤습니다.

　하지만 무엇보다 제가 지닌 토론에 대한 생각이 누군가에게 전해질 수 있음이 기뻤습니다. '토론'이란 두 글자는 제 삶에서 참 많은 의미를 갖는 단어입니다. 행복한 기억이 거의 없는 학창 시절 동안 토론은 제게 쉴 수 있는 공간이자 생각하는 시간이었고, 행복이었습니다. 그랬기에 제가 느끼는 이 소중함을 다른 누군가에게 절실히 소개하고 싶었는지도 모릅니다.

　책을 써 내려가면서 제 삶에도 많은 변화가 있었습니다. 초고를 계기로 토론 교육기관의 대표님과 만나는 기회를 가졌고, 학생들에게 토론 교육을 진행해보기도 했습니다. 논제에 대한 '답'이 무엇이냐고 묻는 학생들, 과거의 저 자신과 겹쳐 보이는 학생들을 보고 왠지 모를 서글픔을 느끼며 "틀려도 괜찮다." 말해주었습니다. 아마 과거의 제가 가장 듣고 싶었던 말이었는지도 모릅니다. 교육을 마치고 돌아온 밤이면, 더 쉽고 재미있게 토론을 풀어낼 수는 없는지 고민하며 원고를 수정하고 또 수정했습니다. 더 쉽고 재미있게 토론을 전달하며 더 많은 아이에게 틀려도 괜찮다고 말해주고 싶었기 때문입니다.

여는 글에서 토론에 대한 흥미를 이끌어내겠다고 자신했으나 책을 마무리하는 지금, 과연 그 목적을 얼마나 달성했을지 궁금합니다. 토론은 '왜?'라는 질문을 잃어가는 오늘날의 청소년들이 가장 성숙한 방법으로 아이다운 호기심을 지키는 길이 아닐까 싶습니다. 여러분이 이 책에 소개된 여러 토론 예시들 속에서 '왜?'라는 물음을 떠올리고, 정답을 찾는 것이 아니라 자신만의 생각을 가지게 되었다면 그것으로 만족합니다. 그렇게 이 책이 우리 안의 '아이다움'을 떠올리고 간직할 수 있는 계기가 되었으면 좋겠습니다.

처음 토론을 접하게 해주신 김민경 선생님과 더 넓은 세계를 보여주신 양현모 대표님께 감사드립니다. 두 분이 계시지 않았다면 이 책도, 지금의 저도 없었을 것입니다. 또 표현에 어색하지만 나의 롤모델인 아버지와, 항상 힘이 되어주시는 어머니, 소울 메이트인 동생 상우, 그리고 이름을 빌려준 303호 친구들(동욱, 민서, 세승, 륜우)에게 사랑을 전합니다.

말로 표현하는 일을 하면 할수록, 역설적이게도 세상에는 말로는 표현할 수 없는 반짝임들이 존재한다는 사실을 체감합니다. 형언할 수 없이 반짝이는 수많은 분으로부터 하나의 책이 완성되었습니다. 투박한 원고의 가능성을 바라봐주신 이수연 편집자님과 도서출판 들녘에 진심으로 감사하다는 말씀을 올립니다.

2023년 5월 14일
김건우

부록

생명윤리/바이오	1. 동물실험을 허용해야 한다.
	2. 베이비박스*를 확대해야 한다.
	3. 적극적 안락사는 합법화되어야 한다.
	4. 장기 복제를 위한LMO** 생산은 정당하다.
	5. 유전자 기술에 특허를 부여해야 한다.
	6. 개 식용을 불법화해야 한다.
	7. 동물원은 필요한 시설이다.
	8. 국내에서 대리모제를 허용해야 한다.
	9.GMO 식품을 더욱 상용화해야 한다.
	10. 자살은 개인의 선택으로서 존중받아야 한다.
	11. 배아는 인간과 동등하게 존중받아야 한다.
	12. 바이오해커, 바이오산업 발전에 바람직한가?
	13. 서커스, 돌고래 쇼 등 재미를 위한 동물 쇼를 금지해야 한다.
	14.LMO 활용은 탄소 중립 실현에 바람직한가?
	15. 바이오매스를 석유 대체자원으로 활용하는 것이 바람직한가?
교육/학교/청소년	16. 교복제를 폐지해야 한다.
	17. 교내 상벌점제를 폐지해야 한다.
	18. 대학 입시에서 정시 비율을 확대해야 한다.
	19. 특목고(국제고·외고)를 폐지해야 한다.

---

*　　　부득이한 사정으로 아이를 키울 수 없게 된 부모가 아이를 두고 갈 수 있도록 마련된 상자입니다. 베이비박스에 들어온 아이는 관계 기관을 통하여 보호받게 됩니다.

**　　 Living modified Organism. 유전자 조작 동물을 말합니다.

20. 교육감 선거연령을 인하해야 한다.

21. 촉법소년법 적용 연령을 인하해야 한다.

22. 청소년의 화장은 허용되어야 하는가?

23. 미성년자 셧다운제를 폐지해야 한다.

24. 중고교 무상급식 제도를 시행해야 한다.

25. 친일 작가의 작품을 교과서에 등재하면 안 된다.

26. 고교 평준화 정책을 시행해야 한다.

27. 교육제도에서 경쟁보다 협력이 효율적이다.

28. 문이과 통합교육과정은 필요한 교육 개정이었다.

29. 9시 등교제를 실시해야 한다.

30. 선행학습금지법을 제정해야 한다.

31. 교내 휴대폰 사용을 허용해야 한다.

32. 고교 내신제도를 상대평가에서 절대평가로 전환해야
한다.

33. 중학교 두발자유화를 시행해야 한다.

34. 10시 이후 사교육금지법을 폐지해야 한다.

35. 키즈 유튜버를 법적으로 금지해야 한다.

36. 미성년자에게 폭력적인 게임을 판매하는 행위를 금지
해야 한다.

37. 미성년자들의 성형수술을 금지해야 한다.

38. 홈스쿨링(재택교육)을 합법화해야 한다.

39. 청소년 근로시간을 제한해야 한다.

40. 교도소에 수감 중인 한부모에 한해 교도소 내 아이 양
육을 허용해야 한다.

41. 대학에서 사회배려대상자 전형을 확대하는 것은 바람

직한가?*

42. 중고교에 수준별 학급제를 도입해야 한다.

43. 기여입학제도**는 허용되어야 하는가?

44. 비남녀공학이 교육에 더 효율적이다.

45. 조별과제를 폐지해야 한다.

46. 교사의 유튜브 운영을 금지해야 한다.

47. 의무적 봉사활동 점수제를 폐지해야 한다.

48. 고등학교에 토론식 수업을 의무화해야 한다.

49. 교사의 간접적인 학생 체벌을 허용해야 한다.

50. 무상급식 제도는 폐지되어야 한다.

환경/에너지   51. 국립공원에 케이블카 설치를 확대해야 한다.

52. 지구온난화의 책임은 선진국에게 있다.

53. 온실가스 배출권 거래제를 시행해야 한다.

54. 원자력발전소를 폐지해야 한다.

55. 종이책은 전자책으로 대체되어야 한다.

평등   56. 이성혐오 사이트를 폐지해야 한다.

57. 동성결혼을 합법화해야 한다.

58. 여성 징병제를 시행해야 한다.

59. 성매매를 합법화해야 한다.

60. 군 가산점제를 시행해야 한다.

61. 소수자 집단에 대한 혐오 발언을 처벌해야 한다.

62. 블라인드 채용제를 시행해야 한다.

63. 상장기업에 여성 할당제를 도입해야 한다.

64. 병사들의 두발 규정을 간부와 동일하게 적용해야
한다.

65. 학력은 합리적인 차별 요소인가?

66. 공공기관의 지역 인재 채용을 확대해야 한다.

---

*   2024년도부터 10퍼센트가 의무화되었습니다.

**   학교의 발전에 기여한 사람이나 그 사람의 자녀에게 특별히 그 학교에 입학할 수 있는
자격을 주는 제도입니다.

67. 여성가족부를 폐지해야 한다.

68. 지하철 임산부 배려석을 비워두어야 하는가?

69. 경찰 체력시험에서 여경의 기준을 강화해야 하는가?

70. 사회적 영향력이 큰 유명 연예인의 군 복무를 면제해 줘야 한다.

철학/윤리
71. 선의의 거짓말은 윤리적이다.

72. 인간의 본성은 악하다.

73. 행복은 통상적으로 돈에 비례한다.

74. 집단을 위해 개인의 권리를 희생할 수 있다.

75. 종교적 신념을 근거로 한 자살은 용인되어야 하는가?

정치/시사/경제
76. 국회의원 국민소환제를 시행해야 한다.

77. 최저임금을 인상해야 한다.

78. 국민발안제를 시행해야 한다.

79. 기초의원 정당 공천제를 폐지해야 한다.

80. 공기업의 지방 인재 할당제를 폐지해야 한다.

81. 시간선택제 일자리를 확대해야 한다.

82. 징병제를 모병제로 전환해야 한다.

83. 양심적 병역 거부를 인정해야 한다.

84. 리니언시*를 폐지해야 한다.

85. 코로나19 기본소득법을 시행해야 한다.

86. 의무 투표제를 시행해야 한다.

87. 자영업 마트를 위해 대형 마트 의무 휴업제를 시행해 야 한다.

88. 대기업의 법인세율을 인상해야 한다.

89. 국내 기업 정책의 방향을 대기업 우선 정책으로 바꿔 야 한다.

90. 남북통일은 국가의 의무다.

91. 사법시험을 부활시켜야 한다.

---

* Leniency. 담합을 내부 고발할 시 벌금을 면제해주는 제도입니다.

92. 보편적 복지는 선별적 복지에 비해 효율적이다.

93. 2차 담뱃값 인상을 시행해야 한다.

94. 공공의대 설립을 추진해야 한다.

95. 우주 상업화를 확대해야 한다.

96. 가상화폐 투자를 규제해야 한다.

97. 탄소국경세*는 폐지되어야 한다.

98. 중소기업 적합업종제**는 폐지되어야 하는가?

99. 공공기관에 노동이사제***를 도입해야 한다.

100. 북극 지역 자원 개발을 중단해야 하는가?

101. 망 분리 규제****를 완화해야 한다.

102. 주택용 전기요금에 누진세를 적용해야 하는가?

103. 타다 등 모빌리티 플랫폼의 규제를 완화해야 하는가?

104. 공매도를 금지해야 한다.

105. 사내 유보금에 과세해야 한다.

106. 청년 실업의 대책으로 잡 셰어링(job sharing)을 도입
해야 한다.

107. 청와대 국민 청원은 순기능보다 역기능이 더 많다.

108. 지방 도시 소멸 위기를 극복하기 위한 행정 통합은 실
효성이 있다.

109. 현행 대통령 선거에 결선투표제를 도입해야 한다.

110. 다른 선거 출마를 위해 사퇴한 자에게 그 보궐선거 관
리 비용의 일부를 부담시켜야 한다.

111. 여론조사를 통한 공직선거 후보자 공천은 배제해야
한다.

112. 공직자는 가족이 저지른 논란에 대해서도 책임을 져
야 한다.

---

*   탄소 규제가 느슨한 국가에 추가적인 관세를 부여하는 것을 말합니다.
**   특정 업종에서 중소기업을 위해 대기업을 규제하는 것을 말합니다.
***   노동자 대표가 이사회에 참여하는 것을 말합니다.
**** 금융 보안을 위해 인터넷 망을 차단하는 것을 말합니다.

113. 공수처를 폐지해야 하는가?

114. 패스트트랙 제도는 폐지되어야 한다.

115. 투표 참여자에 대한 인센티브제를 도입해야 한다.

116. 국회의원의 특권*을 제한해야 한다.

117. 사전 선거운동을 허용해야 한다.

118. 완전국민경선제(오픈프라이머리)를 도입해야 한다.

119. 공직 선거에 온라인 투표를 도입해야 한다.

사회

120. 1인 미디어를 규제해야 한다.

121. 잊힐 권리를 존중해야 한다.

122. 인터넷 실명제를 시행해야 한다.

123. 스크린 쿼터제를 폐지해야 한다.

124. 착한 사마리아인 법을 시행해야 한다.

125. 사형 제도를 폐지해야 한다.

126. 노키즈존 지정제를 실시해야 한다.

127. 지하철 노인 무임승차제를 폐지해야 한다.

128. 어린이집 CCTV 의무화를 시행해야 한다.

129. 디지털 교도소는 정당한 윤리 기능을 수행한다.

130. 게임중독을 질병으로 분류해야 한다.

131. 의료 민영화는 바람직한 개혁이다.

132. 간통죄를 부활시켜야 한다.

133. 국제 대회에서 히잡 착용을 금지해야 한다.

134. 국내 난민 입국을 허용해야 한다.

135. 연예인의 사적인 정보를 언론이 동의 없이 공개해서
   는 안 된다.

136. 싱글세(1인 가구세)를 도입해야 한다.

137. 로봇세**를 부과해야 한다.

138. 자유무역은 경제 성장에 도움이 된다.

---

*   불체포·면책 특권 등을 말합니다.
**   인력을 로봇으로 대체하여 영리 활동을 하는 개인이나 기업에게 세금을 부과하는 것을
     말합니다.

139. 개도국의 아동노동은 생계 유지 수단으로서 존중해 줘야 한다.

140. 현행 65세인 노인 기준을 상향해야 한다.

141. 군 복무 대체 특별세를 도입해야 한다.

142. 비혼 출산의 확산은 지지받아야 하는가?

143. 정부는 가짜 뉴스를 규제해야 한다.

144. 상속세를 폐지해야 한다.

145. AI 법관을 도입해야 한다.

146. 군인들의 월급 인상, 바람직한가?

147. 배달앱 리뷰/별점 제도, 바람직한가?

148. 임금피크제*를 폐지해야 한다.

149. 싱글 예찬 프로그램을 제한해야 하는가?

150. 포털 사이트의 실시간 검색어 기능을 부활시켜야 한다.

151. 대체 휴일제 확대는 바람직한가?

152. 비밀 출산제**를 도입해야 한다.

153. 반려동물 보유세를 도입해야 한다.

154. 갑질 방지를 위한 공무원·서비스직의 웨어러블 캠 도입은 바람직한가?

155. 반지하 건축 전면 폐쇄 정책은 바람직한가?

156. 언론이 공인의 사생활을 침해하는 것을 법으로 막아야 한다.

157. 젠트리피케이션은 바람직하다.

158. AI 기술의 발전은 인간의 삶의 질 향상에 도움이 되는가?

159. 통신언어 사용시 우리말 변경이나 줄임말 사용은 바람직한가?

---

* 기준 연령 이후부터 근로자의 고용을 보장하는 대신 임금을 조금씩 삭감해나가는 제도를 말합니다.

** 부모의 신변 보호를 위해 비공개로 출산할 수 있게 하는 것을 말합니다.

160. 욜로(YOLO)족의 삶의 태도는 잘못된 것인가?

161. 의료 접근성을 위해 지방에 영리병원 설립을 허용해야 한다.

162. 수술실에 CCTV를 의무적으로 설치해야 한다.

163. 중간광고를 폐지해야 한다.

164. 결혼 제도를 유지해야 하는가?

165. 전동 킥보드를 금지해야 한다.

166. 사회신용시스템*을 도입해야 한다.

167. 대학은 현대사회에 필수적인가?

168. 멜팅팟 이론**과 샐러드볼 이론*** 중 우리나라에 더 바람직한 것은 어떤 형태인가?

169. 은행 업무 마감 시간, 연장되어야 하는가?

170. 편의점 심야 할증제는 실시되어야 하는가?

법률

171. 형사소송법 제224조(부모 고소 금지)를 폐지해야 한다.

172. 불효자 방지법을 민법에 도입해야 한다.

173. 가석방 없는 종신형 제도를 도입해야 한다.

174. 언론중재법 개정안****은 도입되어야 하는가?

175. NGO 감독법*****은 필요하다.

176. 형법 제10조 2항에 주취감형은 제외되어야 한다.

177. 흉악범에게 태형 등 신체형을 허용해야 하는가?

178. 흉악한 성범죄자에게 화학적 거세를 도입해야 한다.

179. 차별금지법을 제정해야 한다.

180. 중대재해처벌법을 강화해야 한다.

---

*　일상생활을 추적하여 신용점수를 매기는 시스템을 말합니다.

**　다문화 사회에서 각 집단의 문화를 용광로에 넣어 녹이듯 하나의 문화로 만드는 것을 말합니다.

***　다문화 사회에서 다양한 구성원들이 상호 공존하며 조화로운 통합을 이루는 문화를 말합니다.

****　조작 보도에 대한 징벌적 손해배상 강화를 골자로 합니다.

*****　정부가 NGO를 관리, 감독하는 법을 말합니다.

부록 2.　　　영화 속 토론 주제

영화 제목	토론 주제
쏘우	잔혹 범죄자들을 응징한 쏘우의 행위는 정당한가?
인턴	노인 정년을 연장해야 한다.
HER	인공지능과의 사랑을 사회적으로 용인해야 하는가?
캡틴 아메리카: 시빌워	히어로 등록제를 실시해야 한다.
어벤져스: 엔드게임	미래 사회의 자원 고갈을 대비한 인구 수 조정은 필요한가?
대니쉬 걸	동성결혼을 합법화해야 한다.
데이비드 게일	사형 제도는 폐지되어야 한다.
조커	가난은 개인의 책임이다.
미 비포 유	적극적 안락사를 허용해야 한다.
어스	인류를 위한 복제인간을 허용해야 하는가?
웰컴 투 동막골	현대사회에서 남북통일은 필요하다.
명왕성	교육에선 경쟁보단 협력이 효율적이다.
월-E	과학기술의 발전은 인류의 행복을 전반적으로 증가시키는가?
돈	인간의 행복을 위해선 평균 이상의 돈이 필수적이다.
설국열차	차별적 복지가 보편적 복지보다 더욱 효율적인가?
내가 살인범이다	살인죄의 공소시효를 폐지해야 한다.
옥자	초등 교육과정에 채식을 권유하는 내용을 넣어야 한다.
행복을 찾아서	현대사회는 개인이 노력하여 성공할 수 있는 사회인가?

---

*　　시간을 더 이상 되돌리지 않고 현재에 충실하기로 한 선택에 대한 것입니다.
**　　로봇이 생존 가능성을 기준으로 사람을 살리는 장면에 대한 것입니다.

매트릭스	매트릭스 속 삶이 현실의 삶보다 더 불행한가?
인생은 아름다워	현대사회에서 결혼은 권장되어야 한다.
다크 나이트	배트맨은 공리주의적으로 다수의 시민을 구해야 하는가?
다크나이트 라이즈	고담시에서 폭력적 불복종은 사회적으로 정당하다.
가타카	유전자 가위 기술을 인간에게 적용해도 되는가?
이미테이션 게임	팀원의 형이 속한 전쟁터에 정보를 알려주었어야 한다.
아이히만 쇼	아이히만의 변론은 일반 시민에게 유효한가?
암수살인	공소시효를 폐지하여야 한다.
건즈 아킴보	개인방송 콘텐츠의 폭력성 심의 기준을 높여야 한다.
아일랜드	인간을 위한 장기이식용 복제 동물을 생산해야 한다.
혹성탈출: 진화의 시작	동물실험을 금지해야 한다.
돈 룩 업	극단적인 정치 신념을 표방하는 미디어 채널을 규제해야 하는가?
트라이앵글	YOLO족의 삶의 정신은 현대사회에서 존중받아야 하는가?
파이트 클럽	현대사회에서 물질주의는 지양되어야 하는가?
겟 아웃	인간의 동일성은 심리적 특성에서 나오는가?*
택시 드라이버	자본주의와 인간소외의 문제는 어떻게 해결되어야 하는가?
마더	영화 속 비극의 책임은 아들에게 있는가, 어머니에게 있는가?

---

*   동일성 문제의 심리 이론에 대한 것입니다.

비포 선라이즈	사랑은 서로를 완전히 이해함으로써 완전해지는가, 불완전함에서 완전해지는가?
반도	착한 사마리아인 법을 적용해야 하는가?
나를 찾아줘	공인의 사적인 정보를 언론에 공개하면 안 된다.
프리스티지	예술은 윤리와 독립적으로 존재해야 하는가?
신과 함께: 인과 연	부모를 부양하지 않는 자식에게 법적 처벌을 가해야 한다.

부록 3.　　　자료 조사하기 좋은 사이트

1. 쟁점 파악

양측의 주요 주장을 확인할 수 있으며, 근거의 뼈대를 잡는 데 유용합니다.

뉴닉	www.newneek.co
마부작침	linktr.ee/mabunews
한국경제-이슈토론	sgsg.hankyung.com/series/1509001006
디베이팅 데이	debatingday.com
나무위키	namu.wiki(단, 사실관계를 정확히 확인해야 합니다.)
이웃집 토토론	blog.naver.com/kkwoo001021

2. 학술 연구자료

신뢰도가 높은 연구 및 학술지 자료를 찾을 수 있습니다. 다만 일부는 유료 구독 서비스입니다.

RISS	riss.kr
한국학술정보 KISS	kiss.kstudy.com
디비피아	dbpia.co.kr
국회 전자도서관	dl.nanet.go.kr
구글 학술검색	scholar.google.co.kr
네이버 학술정보	academic.naver.com
한국개발연구원	kdi.re.kr

3. 경제 관련 자료

기업별로 경제 전망 및 연구 결과 등을 무료로 제공합니다.

삼성 경제연구소	samsungsgr.com
현대 경제연구원	hri.co.kr
LG경제연구원	lgbr.co.kr
포스코 경영연구원	posri.re.kr
KDB 미래전략연구소	rd.kdb.co.kr
한국산업기술진흥원	kiat.or.kr
대외경제정책연구원	kiep.go.kr
에너지경제연구원	keei.re.kr
한국경제연구원	keri.org

4. 통계 자료

각 분야별 숫자 통계를 제공합니다. 객관화된 자료로, 이슈 분석에 유용합니다.

오픈서베이	blog.opensurvey.co.kr
국가통계포털	kosis.kr
E-나라지표	index.go.kr

5. 언론 기사

각 언론사별 기사를 통합하여 검색해볼 수 있습니다.

빅카인즈	https://www.bigkinds.or.kr/

6. 여론조사

각종 이슈에 관한 설문조사 결과를 찾아볼 수 있습니다.

한국 갤럽	gallup.co.kr
리얼미터	realmeter.net
엠브레인 트렌드모니터	trendmonitor.co.kr

한국리서치	hrc.co.kr

7. 법률 자료

각종 범죄, 사법, 입법 통계를 찾아볼 수 있습니다.

대검찰청	spo.go.kr
헌법재판소 판례	search.ccourt.go.kr
의안정보시스템	likms.assembly.go.kr

참고문헌

#1. 어느 날 생쥐가 코끼리를 만났다: 논제 정의의 중요성
에드 영, 최순희 옮김, 『일곱 마리 눈먼 생쥐』, 시공주니어, 1999, 1~40쪽.

#7. 인과관계 vs 상관관계: 립스틱과 스킨케어
MOEF, 립스틱 효과(https://blog.naver.com/mosfnet/222676473724) 2022. 3. 18.

「비트코인의 미래 가격을 알고 싶다면? 아보카도에 답이 있다」《한겨레》, 2019. 11. 19. (https://www.hani.co.kr/arti/science/technology/917591. html)

#9. 브릿지: 암묵적 전제 공략하기
양현모·이종혁·김동건·김회성·임정훈·홍현정, 『토론, 설득의 기술』, 리얼 커뮤니케이션즈, 2019, 280~281쪽

#18. 증가야? 감소야?: 비교/비율의 함정
법원행정처, 〈2020 사법연감〉, 서울: 법원행정처.

#21. 나비효과: 양과 중요성은 비례하지 않는다
중앙선거관리위원회, 2016 인천고등학생 토론대회(https://youtu.be/tFZ-2MwtpigE), 2016. 12. 12.

#28. 이건 왜 안 돼?: 잣대 확장하기
EBS 토론카페 개고기 관련 토론(https://youtu.be/lC5g0o_bLPU), 2013. 10. 8.
중앙선거관리위원회, 2016 인천고등학생 토론대회(https://youtu.be/tFZ-2MwtpigE), 2016. 12. 12.

#30. 무지의 베일: 입장 바꿔 호소하기
최훈, 『라플라스의 악마, 철학을 묻다』, 뿌리와이파리, 2016, 169~174쪽.

#31. 정비하면 괜찮다?: 보완 논리 격파하기
MBC 100분 토론, 수술실 CCTV 설치에 대한 토론(https://youtu.be/z6oB-Npj-_Sc), 2021. 6. 8.

#32. 제육볶음 잘 드시던데요?: 인신공격에 대처하는 자세
중앙선거방송토론위원회, 2021 대한민국 열린 토론대회 고등부 결승 리그 (https://youtu.be/oulgMbWQr4I), 2021. 11. 23.

#35. 많으면 다냐?: 다수결 논리 반박법
리얼미터, 「국민 2명 중 1명, '착한 사마리안 법' 법제화 찬성」, 2016년 9월 1주 차 조사. (https://url.kr/8m1jcu)
리얼미터, 「'만 18세 이상' 선거연령 하향 조정, 찬성 51% vs 반대 46%」, 2019. 3. 25. (https://url.kr/ib3l9m)
리얼미터, 「만 18세 이상 선거연령 하향 조정, 반대 50% vs 찬성 45%」, 2019년 12월 2주 차 조사. (https://url.kr/xust7b)
「초중생들 29%, "휴대폰 소지 계속 금지해야 한다."」《뉴스와이어》, 2010. 12. 20. (https://www.newswire.co.kr/newsRead.php?no=517142)
「교사 97% "교내서 '학생 스마트폰 사용 자유화' 반대"」《머니투데이》, 2018. 1. 10. (https://news.mt.co.kr/mtview.php?no=2018011018178210227)

#37. 헌재는 만능이 아니야: 헌법재판소 판례 활용하기

헌법재판소 1996. 11. 28. 선고 95헌바1 전원재판부〔합헌·각하〕[형법 제
　　250조등 위헌소원] [헌집8-2, 537]

헌재 2003. 9. 25. 2002헌마533, 공보 85, 908 [전원재판부]

헌재 2010. 2. 25. 2008헌가23, 판례집 22-1상, 36 [전원재판부]

헌재 2013. 7. 25. 2012헌마174, 공보 202, 1021 [전원재판부]

#38. 너와 나의 연결고리: 문제와 해결책 사이 연결점 만들기

법원행정처, 〈2022 사법연감〉, 서울: 법원행정처.

#39. 젓가락 없이 끓인 컵라면: 숫자에 활력 불어넣기

「원전 발전단가, 2040년 돼도 태양광, 풍력보다 싸다」《서울경제》, 2017.
　　10. 23. (https://www.sedaily.com/NewsView/1OMEZU3225/GC0118)

#42. 스톡홀름 신드롬: 반론은 짧게, 주장은 길게

양현모·이종혁·김동건·김회성·임정훈·홍현정, 앞의 책, 265~266쪽.

#43. 200명을 살리는 vs 400명이 죽는: 자료 표현법

포포 포로덕션, 『꿀잼 경제학』, 매일경제신문사, 2015, 140~144쪽

「'넛지' 같은 행동경제학은 현실경제를 꿰뚫는 지름길」《한국경제》, 2017.
　　10. 31. (https://www.hankyung.com/economy/article/2017103110187)

「퍼센트의 함정: 3할3푼 타자보다 2할 9푼 선수가 더 나을 수 있다」
　　《DBR》180호, 2015. 7. (https://dbr.donga.com/article/view/1303/article_
　　no/7098/ac/magazine)

#46. 상대방의 대답이 길어질 때

「[강치원의 토론 이야기] '왜냐하면' '예컨대'를 매일 100번씩」《중앙일보》,
　　2006. 6. 27. (https://www.joongang.co.kr/article/1786529#home)